智元微库
OPEN MIND

成长也是一种美好

★

序

　　我有时会想：迄今为止我到底做过什么？如果要给自己加个头衔，会是什么？回想过去，我主要从事写作、编辑书刊、经营公司等工作，于是，脑海里便猛然浮现"商人"这个头衔。

　　所谓商人就是做生意的人，我把自己当作从商资本，从十几岁开始就一直在经营自己。

　　提起做生意，可能有人会误解成卖东西，但对我来说，做生意是一件对世间有意义、给人以喜悦和感动的事，是付出与回报的等价交换，也是没有谎言的可靠行为。

我 17 岁从高中辍学，开始了打工生涯，当过咖啡店店员、搬家工人，发过传单，做过保洁，也做过建筑工人。我刚攒够钱，就怀揣梦想去了美国旅行。

现在想来，那时的我是将年轻、体力以及对梦想的热忱当作了资本吧。无论在什么工作岗位，越是认真工作的人越会被珍视，但热忱这种老生常谈的东西似乎并不能带来多大的价值。

怎么才能提升自己的价值呢？

我曾一度苦恼于这个问题。

在美国遇到书店文化

在美国，我流连于不同的书店。那时，美国有很多各具魅力的书店。每家书店的书籍陈列风格都体现着店主的喜好，理所当然，也就吸引着有相应喜好的读者。还有些书店置有舒适的沙发，放着美妙的音乐，提供咖啡，氛围好不惬意。

不擅英文的我，热衷于看视觉传达类优秀的旧杂志 [①] 或稀有的艺术类书籍。这些书刊里精心编排的时尚元素、室内装饰案例及各种设计图样，一下就吸引了我。

我突然想到，也许日本同样有人对这些视觉传达类书籍感兴趣，只不过由于网络不发达，他们找不到购买途径。当时我认为设计师或摄影师这类从事创意性工作的人会对这类书籍感兴趣。

于是我在美国买了很多书，回到日本就立即开始出售。我没有店铺，只能提着塞满书的大手提袋，访问设计师或摄影师的事务所，和他们谈生意，也就是上门推销。

慢慢地，书的销售情况有所改善，也会有客人让我帮他们定购书籍，但是我并不能以此为生，在卖书的同时，我需要兼职做好几份工来维持基本生活。

这是我 25—30 岁时的状态。

---

① visual book，以图像为主的册子。

后来，我在一个开外文书店的朋友那里借了一小块地方，做起了小店生意。同时，我也开始采用移动书店的模式，开着车到不同的地方去卖书。35岁时，我有幸找到了合作伙伴，我们一起开设了"COW BOOKS"①。从此，我的从商之路逐渐步入正轨。

杂志编辑最需要商业技巧

出任《生活手帖》②的总编时，我40岁。那时的我，别说在编辑部工作过，就连当公司职员的经验也没有，出任总编对于这样的我来说是一次很大的人生转变。我刚上任时，杂志的发行量只有全盛时期的1/10。提高杂志的销量，便是我的首要任务。

就任总编之后，我发现《生活手帖》过分执着于给读

---

① 松浦弥太郎与日本设计师小林正节2002年于东京中目黑开设名为"COW BOOKS"的书店。

② 日本老牌家庭综合生活杂志，每两月发行一册。本书作者松浦弥太郎于2007—2015年任该杂志总编。

者提供好的、正确的、符合《生活手帖》风格的内容，却忽略了捕捉时代的新趋势，这导致《生活手帖》的销量低迷。然而好的、正确的内容不一定能第一时间激发读者的购买欲，符合《生活手帖》风格的内容也不一定符合时代需要。既然如此，我就需要以自己的方式重新定义《生活手帖》，同时思考如何使其更具商业价值，这对于当时作为总编的我来说是一个很大的挑战。

我一直认为，不能仅仅着眼于工作本身，重要的是把工作当作做生意。"做生意"这个词可能在有些人看来带有贬义，它似乎意味着把自己的利益放在最前面，但实际上，只注重自身利益的生意绝不会持久。做生意最基本的是超越人们的期待，总之，为人效劳，让对方高兴、有钱赚，自己最终也会因此获得利益，这就是生意的基本，秉持这一原则，我们才能得到信任，生意才能得以持续。

在改造《生活手帖》的过程中，我也贯彻了这一做生意的基本理念。虽然改造过程中不断出现超乎想象的困难，但大约从第 5 年开始，改造的成绩逐步显现。最终，《生活手帖》的销量增长了几倍，我也从改造过程中感受到了做生意的乐趣。无疑，在我当总编的那 9 年里，得到

锻炼的不仅仅是我的编辑技能，更主要的是我做生意的
能力。

我们无从选择工作中遇到的人

我 49 岁那年，卸任总编，闯进 IT 行业。现在我在美
味健康股份有限公司担任共同 CEO。最近几年，由于商业
规模扩大，我迎来了全新的局面。可以运用的资本越多，
我肩上的担子也就越重，压力前所未有，何况我还要负责
公司事务里最难的一部分。

你认为公司里最难的工作是什么呢？

答案不是市场营销也不是程序开发，而是和他人交
流。我们公司是一个小型创业公司，因此必须向那些不了
解我们、感觉不到我们事业价值的人一点点解释我们的业
务，争取他们的理解、合作和支持。这件事对公司来说非
常重要，不能有丝毫懈怠。

有时我必须向对方说明我们的想法精彩在哪里、对于

未来我们有什么愿景、之后我们会用什么方式提高公司的业绩、公司的前景如何。我也时常会感到抑郁，不想去解释说明，不想去做商业洽谈，不想去见那些完全不理解我们的人——很多时候，即使我精心准备，对方也完全不能理解。

经过多次艰难的谈判，我切身体会到了交流的重要性。

在工作中，我们无从选择遇到的人，难免会遇到无法沟通或自己不喜欢的人。即便如此，我们也必须把该传达的事情传达清楚，超越对方的期待，拿出成果，这就是工作。

工作的乐趣在于提升交流质量、构筑人际关系。为了使双方互相信任、最大限度地迸发能量，交流是必要的，也是一个挑战。因为这段经历，我觉得工作越发有趣了，甚至觉得三十几岁、四十几岁也只是我人生的准备期。

在这本书里，我想传达给大家的是现实工作中交流的重要性。除了重要的汇报日、重要的洽谈和会面这些决定胜负的场合，日常的工作生活中也有大大小小的难关。我们该如何调整身心状况、做何种准备来应对这些困境呢？

我希望那些在工作中感觉痛苦的人，可以从这本书中获得一些帮助你消除不安、重拾自信的启发。

松浦弥太郎

◎ 目 录

第一章　什么是做生意

第五章　克服困难

第六章 作为商人活着

什么是做生意

看清生意的本质

大部分生意成立在让世人花费金钱和时间的基础上。是的，商业就是对金钱和时间的争夺。企业或经商的个人，都需要让人用钱买自己的产品与服务或花费尽量多的时间在自己制作的电视节目和游戏上，这样才能获取利润。

我接任《生活手帖》总编时，背负的任务是让这本杂志获得商业上的成功。换句话说，就是革新杂志版面内容以提高发行量。

如何才能让读者在《生活手帖》这系列杂志上花费更多的时间和金钱呢？

我为此想尽办法，但杂志销量并无明显提升。那段日子我感到前所未有的焦虑。

偶然有一天，我在一个意外的地方得到了启发。

那天我异常疲惫，工作不顺使我情绪低落，但我还不想回家，也没有去喝酒的习惯。对于这样的我来说，最合适的去处就是夜间便利店了。

明明没有什么想买的东西，但还是不知不觉朝便利店走去。我在店里徘徊时，不禁思考自己为什么会在这里。

如果这时店里有一个能让郁闷的心情瞬间得到排解的商品，我一定会毫不犹豫地扑上去。就这样，我怀着几乎无法承受的沉重心情，在店里一圈圈地走。

就在这时，我突然意识到一件事。

很多来便利店的人状态都和我一样。有的人需要一本杂志，有的人需要一杯泡面或一个甜品。他们大概也是因为看到这些东西后，心情瞬间变得舒畅，才将它们买回家的吧。

人们经常会为一些事情感到困惑，可是也有人因不知道自己为何事所困而感到困惑。

因此，人们愿意在那些能够解决自己正在直面的烦恼、消除自己当下的不安、忘记自己的不愉快、解决自己的困惑的事物上花费时间和金钱。

找到困惑的原因

在得到启发的那一刻，我确定了《生活手帖》的发展方向：将它打造成一本可以让人忘记不开心、消除人们困扰的杂志。此后，无论内容关于料理还是清洁，选题策划都围绕"让人忘记不开心""消除人们的困扰"这些目的展开。如何让人忘记烦恼，如何让心情沉闷的人感受到一丝安慰，如何让心情变得畅快……这些都成了日后我们确立选题时必须思考的问题。

只做一期爆品杂志并不难，用一些可以激发读者好奇心的策划再附上一些精美的别册即可实现。

但如果想让读者持续订阅，这种方法行不通。我们需要更细心地贴近读者的内心世界，了解读者的心情，致力于"让人忘记不开心""消除人们的困扰"。这样做，读者才愿意在《生活手帖》上花费时间和金钱。

所谓工作，就是帮助有困惑的人，帮他们找到困惑的原因。不仅销售部门，市场营销、系统开发、宣传部门的工作也是如此，甚至总务和财务部门及公司的管理工作也都是在为公司职员及与公司业务相关的人提供帮助。

有人觉得在工作中赚钱重要，有人觉得只要开心就好，也有人想通过工作闻名于世。

不同的人有不同的出发点，这么想固然没错，但如果能够以更宽广的视野去看待工作，自身的梦想会变得更宏大、更有趣，不是吗？

我做的工作，被世人信赖吗？

这份工作，我可以一直坚持吗？

在工作中感到不快乐时，我要靠什么支撑自己走下去呢？

如果总是利益优先，一旦遇到工作上的挫折，人就很容易失去对工作前景的展望。换句话说就是坚持不下去。

　　直到现在，我也时常会去确认我的工作是否可以让人忘记不愉快，是否可以帮助人们消除困惑。我经常会问自己：这份工作可以帮助什么样的人？怎么做才能帮助他们？怎么做才能让他们更快乐？

　　只有这样的思考，才能使我不脱离工作的本质，让我无论面临什么困难，都可以回到原点重新来过。比起其他工作，只有那些能够帮助人们消除困惑的工作，才值得让我带着骄傲、拼上人生全力以赴。

用心观察和思考

　　要想帮助一个困惑的人，首先必须弄清他正被什么困扰。因此，我做了全面的市场调研，深入分析《生活手帖》的读者到底为何事所困、到底在烦恼什么。这个过程相当于做市场营销。

　　无论在街上溜达，还是在咖啡店喝咖啡，抑或在书店的时候，我都在思索这个问题。我一边观察这个世界，一边不停地思考，脑海里逐渐积累了大量的信息，与此同时，这个问题的答案也越发清晰。

　　"即使很多人说他们现在已经不做饭了，但料理类书籍的需求好像依旧存在。"

　　"如果是这样的话，什么样的料理书会受欢迎呢？"

　　"又是什么样的人会去买这类书呢？"

这样一想，我发现这些说"现在不做饭了"的人，并不是"完全不想做饭"，而是"不想在做饭这件事上花费太多的时间和精力"。

现如今，"不想在做饭这件事上花费太多的时间和精力"这种想法虽然稀松平常，但是在过去（大约 14 年前），花费时间和精力去做一道菜被认为是美好的事情，因为那时人们认为这是爱的证明。

就像这样，通过不停观察与思考，我渐渐能够想象读者为何烦恼，为何困惑，又为何愤怒、受伤、开心。

想明白了这些，《生活手帖》的销量开始攀升。

用商业思维思考

　　杂志编辑要想提升自己的编辑能力，最有效的办法是在某一特定领域拥有超过他人一倍的知识储备。无论音乐还是时尚领域，编辑都需要调查过去流行什么、现在流行什么，通过分析研究，预测流行趋势，同时坚持做企划、写文章，长此以往，编辑能力便能够得到很大提升。

　　但是，想使杂志获得商业上的成功，只有出色的编辑能力还远远不够。

　　你做出一个非常优质的版面内容，可能有一部分人会对此赞不绝口，但只有优质内容不足以使销量大幅提升。也就是说，在做生意时，市场营销的视点必不可少。

　　在我出任总编期间，我开始尝试不以一个编辑的角度，而以一个生意人的角度去思考问题，我这才明白要使杂志获得商业上的成功究竟应该深入了解什么。

应该深入了解的是"人的情绪"。只要能洞察这一点，任何生意都能轻松应对。比如，人们在什么时间点会有什么心情；感到难过时想听什么话；什么时候会想一个人去看电影；搬家时什么让人感到麻烦……只要掌握了这种思考方法，我们就能预测什么样的商品和服务会被需要。因为世人对于能够解决自己烦恼的事物，都乐意花费金钱和时间。

当然，这一切并不是一开始就能被精准地预测，偶尔也会有判断失误或思虑不周的情况，但在不断试错的过程中，预测的准确度会逐步上升。

我虽然已经离开杂志编辑一线，致力于开展自己的事业，但在与他人见面之前，我一定会详细调查对方的事业情况，例如对方企业的经营现状、对未来的展望等。

在此基础上，我会想象对方在事业上有什么烦恼，然后思考自己说什么能够让对方心情愉悦，以及自己可以在哪些方面、以什么方式帮助对方。这种思考对我来说就像一种意象训练。这种训练，对于任何职业、任何工作对象来说，或许都有效。

通过感知人的情绪，我们可以构建商业结构。但我们需要注意，感知对方的情绪，并不是要利用对方的情绪引起不安、导致误解，而是借此思考如何使对方快乐。

不过，人的情绪经常会随着时代的变化而变化，所以请时刻保持敏锐，不断更新自己的信息库吧。

换位思考，准备替代方案

做生意不可或缺的是交易对象。和对方交流时，注意不能以自己方便的角度展开对话，要站在对方的角度思考。这看起来那么理所当然，却很容易被遗忘。

比如，做企划时，要思考做这个企划是否只是因为自己在这方面有丰富的技术经验，又或者是否因为这能满足自己的喜好。如果是这样，那么即使你在企划中展示了高超的技术和良好的品位，也不过是自我表现而已。

如果不能站在对方的角度思考，双方的商业关系就无法成立。因此，必须思考如今对方为何事所困、什么样的企划可以给对方带来什么样的好处。在全面了解对方的现状后，再进一步考虑自己的企划可以对对方未来的事业产生多大的影响。

即使有预计会让对方满意的企划，只准备一个也不够。一直以来，和客户商谈时，我都会提前准备替代方案，来应对"这个企划案很好，但如果遇到意外情况，有什么应对方案吗"这样的问题。如果我能从对方的视角出发提供不同的企划，对方就会觉得我切实地为他们考虑过，从而对我更加信任。

在商业关系中，比起自己被认可、被赞赏，更重要的是让对方觉得开心、为对方做出贡献、使对方感动。在此基础上，再思考如何才能真正像对方团队的一员一样工作。

这套法则在职场普遍适用。当上司吩咐你准备资料时，你要先想想怎样准备才可以让上司满意。对方是追求速度，还是更在意资料的规范性？需不需要准备附加资料？你需要的不只是依令行事，还要思考如何超越对方的期待，令对方更加满意。

从了解"自己"开始

在工作场合与人打交道时，让对方了解自己与让对方了解自己的公司或产品同样重要。我在售卖从美国采购的图书时，发生过这样一件事情。

前文提过，当时我并没有实体店铺，所以会主动联系那些对我卖的书感兴趣的人，然后把书塞进手提袋，带去客户的办公地点。当时，我抱着对方一定会感兴趣的信念，拼尽全力向他们介绍我带去的书籍，但他们通常并不怎么感兴趣，这让我十分苦闷。

有一天，我向一个朋友诉说这个烦恼，他对我说"推销书之前要先学会推销自己"。那时的我没有什么值得骄傲的经历，所以并不知道跟对方说自己的事情会有什么意义。

朋友却说："如果完全不了解卖商品的人，无论这个商品多么有价值，人们也不会有购买的欲望。"我仔细想了想，好像确实如此。

从那以后，我开始改变做法，在会面的一开始先和对方聊自己的事情。比如，我在美国做了些什么，发生了什么有趣的事情，我最热衷的是什么，又经历了怎样的失败，等等。这时，大部分人都会对我提起兴趣。

之后，书的销售情况不可思议地变得越来越好。很多老客户还会把他们的朋友介绍给我，并说："这个人也对你很感兴趣哦。"

即使你隶属于公司，但在跟他人交谈时，对方看的也是你这个人，所以要时刻思索怎么做才能让对方了解自己、信任自己、喜欢自己。如果只在拥有傲人成绩后才敢堂堂正正地推销自己，此前不采取任何行动推销自己，那么你将无法前进。

在没有什么值得大书特书的经历时，说一些小故事是个不错的选择。

"最近我读了一本非常有意思的书。"

"最近我发现了这样一件事情。"

我经常思考此类话题。

"今天我说一下最近做的超好吃的蛋包饭的事情吧。"

"那今天就谈谈最近在纽约住的酒店吧。"

类似的话题,我经常会准备五六个。选择话题时也需要注意:谈论失败可能会比傲慢自夸产生的效果好。

这样做不仅可以让对方了解自己,还能缓和现场的气氛。在做生意时,这样简短的交流极具价值。

做生意,要先从让对方了解自己开始。学会建立自我品牌。所谓建立自我品牌并不是你想怎么展示自己或想让他人如何看待自己,而是让对方喜欢自己,将对方变成自己的支持者。过分夸耀自己并不可取。

如果你能被对方喜欢、接纳,那么你的商品或服务就更容易售出。

做生意，思利他

和你做生意的人，并不都抱着善意。

有时按照约定和对方见了面，对方却表现得很冷淡，或者表现出"只要按照约定见了面就可以了""快点结束吧"这样的态度。

其实，这对我来说都是意料之中的事。如果你完全不了解的人突然向你提议"我们合作吧"，我想你也不会贸然接受。公司的事业规模越大，其中的风险便越明显。因为一旦失败，事业规模越大，蒙受的损失就越多。我不认为会有公司肯贸然承担巨大的风险。不仅如此，即使对方笑着对你说"这对我们公司来说或许也是个机会"，也不一定代表他们决定要与你合作。

生意的开端一直都是如此。

不过，偶尔也会有人积极地说"请务必和我们合作"。这句话意味着对方觉得和你这个人一起做事会很有趣。"很有趣"意味着对方觉得你这个人能创造利益，而这种利益对对方来说有价值。

当我花费一两个小时向对方说明自己公司的事业或者未来的计划时，我偶尔能捕捉到对方开始对我感兴趣的那个瞬间。那个瞬间就是对方觉得有趣、认为方案顺利实行能为他们带来利益的时候。这时，我将方案描述得越具体，他们就越积极。

做生意的人喜欢有趣、新鲜的事。如果他们能在这种有趣和新鲜中获取利益，他们就会愈发积极。迄今为止，在我遇到的人中，越是赚钱多、在公司里职位高的人，越喜欢有趣、新鲜的事情。或许正是因为他们在做自己喜欢的事情，所以才能有所成就吧。

因此，向对方传达有趣、新鲜的事情非常重要。虽然做一件事情的理念和意义也很重要，但只陈述这些远远不够。生意人最想知道的还是这件事情是不是足够有趣、新鲜。

当然，我们不能为了吸引对方而故意逞强、过分修饰、夸大其词，坦率地表达自己对未来的设想和期望即可。

有的公司想通过合理运用营收来创造更多的利益。比起把钱存到银行，开展新事业或给一些创业项目投资，回报率必然更高。有时候，投资的创业项目和本公司的业务结合能产生良好的化学反应，甚至可能与主营业务产生协同效应。一些人正是因为有这样的"野心"才获得了更好的发展，所以如果你的项目有类似的优势，务必简单明了地向对方传达。

无论是给对方提案想让对方跟你签约，还是希望对方购买你的商品，这个道理都适用。生意，如果不能给对方提供利益便无法做成。在做生意的过程中如果能够构筑共赢的框架，那么双方的合作一定能够长久。这对于任何一方来说，都是一件令人愉快的事情。

增加感动的次数

无论什么商品，只要很多人会因为它而开心、感动，它便会越来越畅销。

这是做任何生意时都适用的原则。

也许你会觉得这没什么了不起，但在这里，我指的不仅仅是商品或服务。

日本有很多年收入过亿日元的足球选手、NBA 选手及大联盟①选手，他们之中的一些人年收入甚至超过百亿日元。

我一直想不明白，他们为什么可以有这么高的收入。

---

① 美国职业棒球大联盟（Major League Baseball，简称 MLB），是目前最高水准的职业棒球赛事。

有一种说法是，因为他们的职业生涯很短，所以需要在短时间内赚够一辈子花的钱。但这种说法我总有些无法接受。

他们和年收入 500 万日元的上班族有什么不一样呢？

他们比上班族多出来的那部分收入是因为什么？

他们的特殊价值在哪里？

后来我意识到，运动员可以打动的人员数量非常庞大。他们的比赛被转播时，这个世界上有数千万人会激动万分，惊呼"好厉害"。因此他们有与高收入对应的价值。

商品的销量与因它而感到开心的人的数量成正比；同理，一个人的收入也和他能够打动的人的数量成正比。世界上所有生意都基于这个规则运行。要想获得更高的收入，就要考虑如何让更多的人开心、感动。

越是不喜欢的人越要主动会见

　　在工作中，不能只去见自己想见的人；相反，越是不喜欢的人，越要主动会见。我希望你们记住一点：和自己不喜欢的人做生意，得到的成果往往颇丰硕。

　　企业管理层中经常会有被戏称为天才的、拥有坚定信念的人。无论什么行业，越是优秀的人越不容易被击垮；越是能够带来丰硕成果的工作，亦即规模越大的交易，越需要和职位高的、不容易应付的对手谈判。

　　当然，对方的要求越高，谈判成功的概率便越低，所以我们很容易产生不想见、不想去的胆怯情绪。不过，正因为工作难度大，顺利完成时我们才会获得更大的满足感，自己的生意便得以做得更大。

　　如果能够打破这种自己不擅长的局面，便会感到工作变得有趣且越来越得心应手，甚至会觉得"工作也不过如此"。这比做其他事更容易增加自信。

即使过程并不顺利，但和这些人面对面交流，感到困难的同时也会感到充实，这未尝不是一段有价值的经历。就算只是发现"原来我也可以做到这种程度"，对增强自信心也会有所帮助。

对于不想见但又不得不见的人，应尝试改变自己的心态，带着愉快的心情去和对方见面。这时，"享受"当下的交流能起到很大的作用。如果只是因为"不想见"就放弃和对方接触，工作便无法开展。我们应该打开自己的心扉，享受当下。

我和一位公认不好相处的人之间有这样一段故事。

最初，对于和他的会面，我觉得有些麻烦。之后，我想如果试着把我们之间的交流当作一种享受，我和他的关系也许会缓和一点。

我开始主动增加我们见面的次数。

虽然他还是会说一些令我感到不愉快的话，但我学会用一种乐在其中的心情去对待，这样一来，不仅我的不愉快被消除，他也不再对我心存芥蒂，一来二去，我们的关系反而变得非常亲密。我尝试走进对方的内心，这比其他方式更能使我们之间的交流变得轻松。

在我们逐渐变得亲密后，经常会有人惊讶地问我："你和他什么时候变得那么好了？"人和人之间的关系在不断变化，逃避对于改变现状没有任何帮助。在没有采取任何行动的情况下，事情顺利解决并不代表你克服了交流的障碍。或许有些人认为，对于不好打交道的人，只在必要时和对方交往就足够了，但其实，主动采取行动能改善双方的关系，这难道不是十分有趣的事吗？

对于不好打交道的人，约对方一起吃饭是一种很好的交往方式。如果感到这样做有难度，那么至少应该积极地和对方搭话。不要被"不想见"的情绪束缚，只要能主动展现"我想和你见面""我想和你增进了解"这种姿态，对方就能感受到你的热情，然后变得开心，逐渐对你敞开心扉。没有人会一直用冷淡刻薄的态度对待那些重视自己、对自己怀有善意的人。

不需要把所有人都变成挚友。尝试换一种心情，学会放松，带着快乐去见自己不喜欢的人吧。

找到自己能提出企划的事情

在工作中，我一般不会坐等对方的委托，而是主动去推销，尤其是推销自己。

无论读新闻、看电视，还是户外散步，我时刻都在寻找那些"自己能提出企划"的事情。如果找到了，我便立刻去完成。

首先我会收集信息，调查公司的具体情况及行业动态。在剖析出以往成功案例的对象、时间和方式后，我便会立刻开始写企划案。我不会一直犹豫到底要不要做、该怎么做，也不会只把它当成一个愿望最终不了了之。

完成企划案后，我会直接联系公司。大部分公司都有接待客户的窗口，只要对负责接待的人阐述自己的目的，然后对他说"我想联系你们的负责人"，就会有人帮我们联系负责人。如果行不通，我便会直接访问我想联系的部门，并致信相关人员。

总之，我的信念就是"不放弃，一直向前"。即使那个公司里没有一个我认识的人，我也毫不在意。我从来不会找人帮我介绍，而是选择与对方直接对接，从正面突破。

实际上，对方不会因为我主动就答应见我，也不会因此就决定与我合作。大多时候，对方公司连回信都没有。即使我做了充分准备去向对方推介，最终也止步于此。

即便如此，我也不觉得有什么遗憾。我经历过的像这样的失败案例的数量，超乎大家的想象。每次被拒绝后，我都会再说一句"感谢您聆听我的介绍，谢谢"，表达谢意后离开。

周围的人也会对我说："你明明这么努力，却没有成功，太遗憾了。"但对我来说，什么都不做才是失败。我花费的时间和精力并没有浪费，我不会为此难过。失败不一定代表能力不足。企业一般都有合作了很长时间的合作伙伴，有自己的做事方法，因此，最终能否与其达成合作，也有缘分在其中。

以自己的方式去接触各式各样的人，这些经验在将来的某个时候一定能派上用场。比如在收集信息时，把这些信息作为"经过验证的事情"储存在自己的大脑中。工作中遇到的事情，我亲力亲为，从零做起，所以即便只是和对方见面、简单交谈，也会增加经验。也有一些企业负责人一直记着我和他们谈论的内容，多年后联系我说："我们来谈一谈那个时候你说的那个企划……"

只要用这种积极的态度去行动和观察这个世界，你便会发现，找到自己能提出企划的事情很容易。在找到这些事情的瞬间，你脑海里关于某个行业或某个企业的信息会增加。只要一直抱着这种态度去工作，事情便会向积极的方向发展。

我一直乐于接受变化。将来，除了改变推销自己的方式，说不定我还会改变自己的职业。

我从来不会怀疑事先做企划是否正确。只要能看到成功的希望，我便会立即采取行动，主动推销自己。这是我做生意最基本的姿态。

找到自己擅长的事情

工作中被问到"你最擅长的事情是什么"时，很少有人能立刻回答上来。我乐于把事情的道理或思考方法以人们易于接受的方式表达出来，可以说，这是我擅长的事情。因为我知道自己的专长是什么，所以我可以主动推销自己；因为我明确知道自己销售的是什么，所以我对推销很有信心。

我经常会听到"我从来没想过自己擅长的事情是什么""我只是一直在做被分配的工作而已"这种话。如果不明白自己擅长什么，那就尝试详细地回顾一下自己以往的工作吧，其中应该有一些自己做得出色、迅速、正确、专注的事情。

如果一时找不到你擅长的事情，那就请多花些心思在工作上。比如，思考怎么做才能更快地完成这项工作，怎么做才能让这些资料更容易理解，再或者仔细对比一下自己和那些销售业绩好的人有什么不同。花心思的意思是自由地设想有新意的想法。

找不到自己擅长的事情，可能只是因为缺少一点努力。如果做任何事情都抱着"差不多就这样吧"的心态，你便不会用尽全力。这相当于亲手丢掉寻找自身长处的机会，实在可惜。

在这个世界上，比起将自己擅长的事情变成工作，更多的人是在工作中发现自己擅长的事情。我便是后者。在花心思思考如何让工作更顺利的过程中，我让大家变得开心，获得了大家的夸奖，我开始意识到自己擅长的事情是什么，并渐渐变得自信。

不要只做同行，还要做合作者

和企业做生意，我一直以"做对方的合作伙伴"为目标，而不是满足于做与对方有生意往来的同行。两者的区别在于做生意的方式不同。同行以既定的形式做生意，有固定的模式，比如对方要求"这个零件在哪一天前交多少货"，我们就需要在规定期限内生产指定数量的商品，交给对方，收取货款。

在生意中，提高销量的唯一办法就是大量销售。只要不是稀有商品，定价权基本掌握在买方手中。如果对方要求降价，我们大部分时候只能妥协。这时如果出现了报价更低的公司，双方就会卷入竞争。说得过分一点，在这种模式下，你的位置随时都可能被取代。随着技术的进步，常以价格战取胜的公司，前景将变得更加严峻。

　　我前面说过，和客户见面时我会推销自己。为什么呢？对于大多数由对方主导的工作，合作模式已经提前确定。对方在提出要求前便已经完成了构想，剩下的工作仅需要同行协助完成，并没有给我们多大的发挥空间。

　　如果想把生意做大，就不要只做同行，要争取成为对方的合作者。

　　合作者可以解决对方的困扰，可以为未来发展提出新方案，可以主动询问"你们觉得这样的方式如何"。如果对方认同提案的价值，双方便能建立信任，携手共进。

　　合作伙伴需要自己设定品质标准和发展目标。这会使工作的严格度和难度大大增加。即便如此，我还是觉得作为合作伙伴与对方一起工作更有价值、更愉快，因为这样做，事业规模才会变得更大。

　　即使对方预先确定了工作框架，合作伙伴也可以选择用其他的方式完成。

　　与对方合作，并不只是完成被安排的工作，还需找机会给对方提出新方案、给对方提议"这样做也许会更好"。如果提案的价值被对方认可，那么双方的关系会被重新定义，双方也会变成不可替代的合作伙伴。

这在与上司的相处中同样适用。只是差不多地做完上司分配的工作，不足以取得上司的信任。如果能够花心思找到自己擅长的事情，并积极表现，不断提供新方案，那么上司一定会更加器重你。

带着经营者意识

在我看来，即使只是公司职员，经营者意识也很重要。公司职员和经营者看待事物的角度完全不同，这也决定了他们拥有完全不同的工作方式。

不同首先体现在时间的利用上。经营者考虑的是如何提高公司业绩，很少去想如何能让自己轻松一点。他们会先思考怎么将自己的潜力发挥到最大，并采取行动。在相同的时间内，经营者的工作更加密集。

其次体现在对待金钱的态度上。经营者会时刻关注公司的财务报表，掌握公司的资金流向，思考公司或所在部门的营业额一天能增加多少、一天有多少支出，如果按月或按年计算，成本和利润又有多少。以这样的视点看公司的财务状况，就能预测这个月需要达到的最低销售额，以及如果维持现状，公司的现金流大概多久会断裂。如此思考，你自然就明白应该采取什么样的应对方式了。

最后还体现在与同事的关系上。工作中即使有不满，也不要和同事发牢骚，要思考如何解决问题。可以把上司看作做生意的客户，按照上司的吩咐照单完成工作还远远不够，要为了得到更多的工作、让上司更加满意，在工作方法上多花心思。

我从二十多岁开始，一直是自由职业者，自然而然地形成了经营者意识。作为一个个体经营者，我不断承受各种评价，一次疏忽可能会断送下一次的合作机会。如果失败，除了自己，没有人可以帮我承担责任。如果一个公司的经营者在遇到麻烦时不能正面面对，那就不会有人愿意跟随他。

很多人都希望通过工作获得成长，但工作的意义不仅在于让自己成长。也请好好思考一下，自己可以给所在部门或公司贡献些什么吧。

还有一点经常会被大家误解——其实从社会分工的

角度来看，经营者只是社会运行的一个齿轮，只是他们将自己物尽其用罢了。

尽管扮演的角色不同，但所有的齿轮对这个社会来说都不可或缺。作为社会的一个齿轮，做着自己的工作，对此，我感到十分荣幸。我把自己作为一个好齿轮来打磨，希望能为这个社会做贡献。

构

筑

第二章

关

系

独自拜访

有重要的会面或商业会谈时，我会选择单独前去。

当第一次见面了解对方的情况时，当对方公司的规模很大时，当出席会议的人数很多时，当要进行艰难谈判时，很多人认为和其他人一同前去心里会更有底气。

实际上，正好相反。在那些场合，独自一人才能使出全力。以我的经验来说，在对方出席人数很多的情况下，一个人反而能够更好地释放自己的力量。

打个比方，和朋友一起旅行的时候，你发现一个自己特别想去的地方，但由于跟朋友一起，你没能说出口。像我在旅行时很喜欢去一些偏僻奇怪的地方，如果和朋友同行，我很难不去考虑对方的心情，往往无法开口让对方陪我前去。因为如果途中出现了什么意外，我无法为对方负责。但如果我只身一人，最多也就是自己感到害怕，万一发生意外，也只需要对自己负责。摒除了对他人的担心，我就会更乐意去挑战困难的事情。

　　商业会谈也一样。如果有他人在场，会不自觉地想"一定要做好"而给自己平添压力。即使与参会者处于同一立场，也会因为在乎同行人的看法而影响自己原本设想的呈现；还会因为有他人在场，过于渴望会谈能顺利进行，反而没能完全发挥自己的实力，有时甚至会不自觉地依赖他人。

　　如果是独自一人，你不仅可以自己判断以什么样的方式和内容展开会谈，还可以把注意力全部集中在对方身上，因此能够单刀直入地切入要点，坦率地向对方表达自己的想法。即使最终失败了，说一句"不好意思，打扰了"，之后离开即可。

　　我遇到过这样一件事。那是一个大型项目，我和对方公司的高层一对一谈完话之后，他对我说："你稍等一下，我去召集董事们，请你在他们面前再说一遍。"大多数企业，决策基本需要征得董事会或经营委员会的同意，一个人不能决定所有的事情，即使那个人是老板。

那样的场合必然会有很多人，可以想象其中一些人会对我们的提案不感兴趣。为了能在被提问时立刻回答上来，大多数人觉得找人一同前去会更好，对方可能也这么想。

虽然那时我也有过这样的念头，但最终还是选择一个人去。

对方看到只有我一个人来，惊讶地问："松浦先生，今天只有您一个人来吗？"我没有丝毫恐惧，一个人走进会议室，当着十几个人的面，拼尽全力说明我们公司的事业、理念和对未来的展望。

听完我的说明，对方公司的最高负责人对我的想法产生了强烈的共鸣，他中途就问一同出席的人："你听他刚才说什么了吗？"他的发问改变了会场的氛围，反驳我的人越来越少，我的讲话逐步向积极的方向进行。

在这种情况下，一个人前去最大的好处在于可以坦率地用自己的方式表达真实想法，没有必要为了让对方理解而在措辞上花费太多力气，重要的是让对方在我的解说中感受到热情。在这个意义上，我觉得还是独自前去效果更好。

　　当然，这并不意味着我认为一定要一个人去。

　　为了不让会谈产生差错和误解，也为了避免双方的理解出现分歧，很多时候两个人同行效果也很好。也有见面会需要团队全员出席的情况，甚至还有些企业明确规定了访问客户需要多人同行。

　　需要注意的是，无论是非正式接洽，还是商业会谈，又或者是赔罪，最应重视的是会谈对象。请带着诚意和勇气向对方传达自己想传达的内容吧。

重视和对方见面的前七秒

我曾听说，七秒可以形成对一个人的第一印象。先不说七秒这个数字是否有依据，但毋庸置疑，对一个人的第一印象的确是在很短的时间内形成的。

好好把握见面的前七秒，你的生意成果可能会大不一样。一般来说，初次见面时对方会在很短的时间内下意识地接收你的信息。无论你内心多么紧张、多么沉重、多么疲惫，都一定要好好把握和对方见面的前七秒。

我在和人初次见面时会特别注意这方面。我会注意自己是否让对方感到愉快，尽量消除会令对方讨厌的负面要素。仪表、笑容、寒暄、声音、措辞、低头的方式、有无体味和口臭等，在和对方见面之前，也请你这样从头到脚重新检查一下自己吧。

　　见面的瞬间，直视对方并用能够强烈表达自己感情的方式和对方打招呼，例如说"见到您很高兴"，切忌一直低着头。打招呼时注意速度要慢且语气恭敬，语速太快容易给人留下急躁的印象。

　　在门口等候时，要时刻做好准备，即使突然被叫到也能立刻笑脸相迎。同时注意打招呼时自己所站的位置。在日本，初次见面时人们往往不会握手，而是相互轻微地鞠躬。交换名片时，也要稍微向前半步。服装方面，穿平时的衣服就好，不会让对方感到不快即可。

　　初次见面重要的是向对方传达自己的善意和敬意。如果你很难对初次见面的人微笑，不妨对着镜子练习几次。人的表情只要稍加练习很快就会变得自然。发声的方法也是一样的。做生意就要先从这些细节做起，不要把自己不擅社交当作借口而轻易放弃这类机会。

　　企业高层都很注意这些细节，因此，即使是传说中不好相处的人，你在见到他时大体也会有非常好的印象，感慨对方不愧是在常年经商中修炼出来的。他们也不是天生如此，他们也要经过不断努力才能达到现在的状态。

总之，发挥你的想象力，消除自己身上那些可能会被他人讨厌的要素吧。

和人见面最开始的瞬间就是如此至关重要。

不管怎样，请先用心对待见面的前七秒。只要身处职场，这个诀窍会让你一生受用。再多说一点，见面的最后七秒也同样重要，就像前七秒一样，在分别时要注意自己的举止，给对方留下好印象。

展现真实的自己

　　我在前面提到，会谈的时候穿和平时一样的衣服即可，但在重要的日子里，为了向对方表达敬意，曾经的我也会认真整理自己的着装。和他人见面时，我一定会穿熨好的衬衫并且打好领带。

　　但是，这几年创业的经历让我明白，比起穿正式的服装，更重要的是展现真实的自己。

　　从广义上来说，修饰仪容依然重要，但是相较于过去，现在的我更在意衣服是否干净、得体，不再过分执着于衬衫和领带。

　　现在的我，即便是和有着悠久历史的一流企业的人员见面，也会穿和平常一样的衣服——衬衫、牛仔裤和运动鞋，冷的时候再披一件夹克。即使对面全员整齐地穿着西装，我也不会拘泥于形式而跟他们穿同样正式的服装，因为我们的工作环境不一样。我日常工作并不在繁华商业街的气派写字楼里，不需要每天穿着西装办公。

曾经有一次我穿着西装去和一位六十多岁的公司高层见面。他见到我时，说："松浦先生，您平时应该不怎么穿这种衣服吧。"那个时候我突然意识到，自己穿西装时，给人的感觉是不自然。

做生意的时候，对方通常会提前调查你们公司的情况。越是一流的企业越是如此。通过调查，他们会知道你们公司的规模有多大、现金流有多少。因此，通过装饰自己的外在以寻求和对方并肩前进的机会，这种做法并不实际。比起夸张地展示自己，表现出与自身能力相匹配的真实的自己更重要。让对方知道"这就是我"，展示自己最真实的一面吧。

如果着装只是为了迎合对方，会面时你将无法放松。越是令人紧张的场面，为了放松下来，越应该穿与平常一样的衣服。因为是重要的日子所以才穿西装，那你们之后的会面你也需要一直穿西装，这样一来，双方紧张的关系就会一直持续。如果担心自己的着装不够正式，加一件西装外套足矣。

当然，这跟行业也有关系。

现在，即使不穿西装，也很少会有人生气得大声指责你"太失礼了"。很多人穿西装只是因为常年的习惯。不做表面功夫其实是在向对方表明自己没有丝毫的欺瞒，对方也一定能从中感受到你的真诚。

能够打动人心的是热情

恰当的礼仪、对对方的敬意和真诚，是构筑人际关系的基础，但仅靠这些无法打动人心，最终决定双方关系的是热情。

无论你表现得多么礼貌、多么思路清晰地给对方演讲，如果对方感受不到你的热情，那么他们的内心就不会产生任何波澜。

和你做生意的人虽然关心"你们有什么样的想法""你们给我们提了一个什么计划""我们会得到什么好处"，但他们更在意你有没有热情。

如果执行的人没有热情，再精彩的想法也很难获得成功，人们也感受不到方案可以顺利推进或大规模实施的可能性。

　　有一次，我正在会议中十分投入地演讲，对方对我说："我很理解你的心情，但请坐下讲吧。"虽然我知道对方是好意，但我还是激动地说："不不，坐下的话我没有办法很好地表达，我们是这样考虑的……"对方也友好地接受了我的请求。那个瞬间，我感受到了他们对于热情不吝惜时间和金钱的态度。

　　在商业活动中，人们常常会评价那些和自己有交集的人，如公司里的上司、同事、下属、人事部的人，甚至是客户。在各种各样的关系中，我们会凭借他们在工作中的表现，对每个人擅长什么、熟悉什么做出评价。

　　不同于资格证和特定技能，一个人是否值得信赖、是否带着热情工作，这些特质是无形的。但职场中的人对这些特质的评价却大致相同。在组建团队时，比起有特定资质或技能的人，大家更想与对工作有热情的人共事。

　　需要注意的是，有热情和情绪的碰撞是两回事。热情是面向未来，是想这样做、想变成这样，是关乎希望的存在；而情绪是被过去束缚的东西。如果投入了太多热情，到了几乎看不到周围的程度，适当放松很有必要。

正因为热情无法用金钱购买，也无法用规格衡量，所以才显得尤为珍贵。

失败是取得对方信任的好时机

在企业中拥有决定权的人，会习惯性地观察交易对象是否值得信赖。

因为对这些人来说，他们投资的不是事业而是人。即使事业计划非常完美，但负责人不值得信任，他们也不会投资。相反，即使事业计划不完美，但负责的人值得信任，他们也会认为这个公司能给自己的企业增添多样性，从而决定投资。正因为双方不是朋友而是商业伙伴，彼此信任才更重要。一旦获得了投资者的信任，有时即便他们认为现在的计划还不足以通过考查，也会亲自给你提一些"这样改一下会更好"的建议。

那么，如何取得对方的信任？

前面提到第一印象和服装的问题，这方面首先要注意。其次，犯了错误感到丢人的时候，正是取得对方信任的好时机，比如在演讲时出现让人难以置信的失误或无法顺利回答问题时。这是因为，当一个人的大脑突然一片空白的时候，他选择重新来过的方式可以看出他的秉性。

犯错后不要试图蒙混过关或只去修正表面问题，因为比起回答的内容，发问的人更在乎你回答的方式。不懂装懂或者差不多解释一下、敷衍了事的态度，全都会被对方看在眼里。

在危急关头能够打动对方的是为了挽回局面而拼尽全力的姿态，是直面问题不试图蒙混过关的态度。

有些应对方法可以顷刻缓解尴尬气氛，有时甚至可以让现场充满笑声。谁都经历过失败，一次失败不会让你丧失信用。再强调一遍：失败其实就是机会。

商业活动中，最重要的是让对方向我们敞开心扉。展示真实的自己，是让对方敞开心扉的最好方式。

这不仅适用于商业活动，在与同事及部下相处时也同样适用。不论你在公司中处于什么职位，都应好好思考如何让工作伙伴对你敞开心扉。

　　我周一早上开例会的时候，通常会和大家分享我周末发生了什么事情，比如夫妻吵架或者平白无故摔了一跤等。如果一上来就说太严肃的话题，大家是无法敞开心扉的。当然，如果没有经历特别的事情也没必要凭空捏造。只要面对对方时能够卸下伪装，对方就会对你敞开心扉。无论是有 50 个人的公司，还是只有 10 个人的团体，只要成员间能够坦诚交流，就能构筑良好的关系。

不附和

和上司或生意伙伴交谈，我们有时会不知不觉地附和他们。对方发言或提问时，我们经常会先顺着对方的意思说"是这样的吧"，再附和对方的回答；又或者观察对方的言行，揣摩对方的心思，却不表达自己的意见，将自己从中抽离，觉得只要和周围的人行动保持一致就不会出问题；因为担心表现得过于显眼，那些额外的工作会落在自己身上，所以选择迎合周围的人。

这些做法算不上正确的交流方法。在和客户交谈时，将就的态度不会深化彼此的交流。一旦习惯了这种交流方式，未来和别人交往时也无法建立深厚的关系。

一味附和或者一味给自己找借口，都是因为自信心不足，担心说了自己的想法之后会被对方否定，说你做得不对，或者表示完全不明白，让你觉得自己一无是处。附和也许是因为不想自讨没趣，也可能只是为了不被对方当作无能的人而进行的自我保护。

在工作中只会附和别人，或常给自己找借口，往往会降低别人对你的评价。自以为用这种方式摆脱了艰难的局面，但当你没能一个个指出对方的问题时，其实你传达的是你是一个没有自己的想法、不敢说出自己的意见的人，并且不只是直接和你交谈的人这样想，周围的人也会这样想。

这种行为不仅暴露了你自身的性格弱点，还会让人觉得你并不是真心想要参与这个项目。我在前面也说过，这种行为最后一定会降低别人对你的评价。一旦有意外情况发生，别人也不会向这种人寻求帮助。

实际上，无论是公司内部的人还是客户，他们都不会直接告诉你他们对你的看法，尤其是负面的评价。

这非常可怕。自己明明拼命工作，但工作还是进行得不顺利。公司内部评价低，其中的原因便可能如此。

陷入这种境地的人实际上不在少数。

当某方案的方向大体已经确定，突然有人问"你怎么想"，此时提问的人不是寻求附和，而是真切地想知道当前方案是否存在不足，以便用新的意见将其完善。在这种情况下，只是表示赞成远远不够。

有时我们的确很难当场提出一些建设性的想法或意见。如果是我，我会结合自己的经验分享一些关于策划主题的体验或一些自己被感动的故事。这时，大家都会饶有兴趣地听我讲述，有时还有人会结合我分享的故事提出一些新建议。一来二去，不经意间，我们便促成了一个大型项目。

看上去我只是说了个段子，事实上这能引发一些意想不到的思维活动。即使想不出什么好点子，只是分享一些最近遇到的有意思的、让自己感动的事，也能发挥类似的作用。

不要避开细致的交流方式。

不需要把这件事情想得过于复杂。交流并不是为了完美地讲解或提出了不起的想法，而是要以自己的节奏为基础，构建和对方的关系。

　　比起成为一个优秀的人，做一个有勇气的人更重要，所以，大胆地表达自己的看法吧，这是交流的第一步。

不发言即是风险

　　在第一次成员集合的会议上，有些人会一言不发。即使是洽谈会或碰头会这种普通的见面会，他们也只会说些无关紧要的话，大多数时间里只是在听其他人的发言并点头应和。这种行为在不知不觉中会降低别人对自己的评价。没有人会去责备不说话的人，所以很多时候当事人完全意识不到别人对自己的评价在降低。事实上，在明明有很多发言机会的场合一言不发，给人的印象一定是负面的。

　　不发言的人大多是觉得自己的想法不值一提，所以选择沉默。

　　很多人也许会认为，比起轻浮地发言给人留下负面印象，什么都不说反而更保险。但如果只是因为怕第一次见面给人留下不好的印象而保持沉默，无疑会降低周围人对自己的评价。主动发言反而会给自己加分。

为什么这么说？因为在那种场合，比起展现自己那些了不起的想法，和在场的人得体地交流其实更重要。如果不试着主动打破沉默，对方几乎不会对你产生兴趣。这样的话，就无法形成适合交流的环境。良好的交流，并不是只有在下级面对上级时需要注意。像经营者或公司管理者这种职位越高的人，越重视主动和人交流。如果他们不主动敞开心扉，就很难和周围的人取得交流。所以越是在陌生人多的场合，越需要主动开口打破沉默。

就算发言之后对方觉得你没有理解，认为你的发言不知所云，但你展现的就是毫无伪饰的你，所以你也不必尴尬。通过交流发现自己的问题，不仅能趁机改善不足，还能让别人了解真实的你，利大于弊。

重要的是发生在这种场合之后的事情。

不发言、不努力让别人了解自己的人，别人有机会时，一定不会首先想到他们。

组建团队时，成员们想要的不只是优秀的人。一个团队中有擅长出点子的人，有擅长活跃气氛的人，有虽然每次讲话都不知所云但有意思的人，也有可以冷静地做出判断的人，正是这些性格不同的人组成了真正的团队。

那些不发言、不努力让别人了解自己的人，大家不清楚他们有什么样的性格，组建团队时也就不会想起他们。他们连当候补队员的机会都没有，自然就不会被联络。这是一件非常遗憾的事情。无论在什么场合，你都要积极地发言，在发言的那一刻你就可能抓住机会。

在人多的场合要注意自己所坐的位置。除非主办方提前安排座位，否则不要自己坐到角落里。一个人坐在角落里一言不发，会给人一种"不要跟我讲话"的印象，那么别人通常不会主动与你搭话。仔细观察一下，你会发现擅长交流的人大多会坐在核心人物附近，因为这样他们能得到更多的交流机会。

对你来说，坐在角落或不发言只是一种下意识的行为，但在周围的人看来，他们会觉得你没有积极地交流，因此降低了对你的评价，十分令人遗憾。

在日本美学中，沉默不语被认为是好事，它意味着虽然明白一切但不炫耀，并且能够时刻保持冷静的理想状态。虽然很多人都按照这种思路行动，但在我看来，这种观念不过是自以为是罢了。

有些人重视发言的内容和方式，但我认为没有必要把这些想得过于复杂。在有很多素未谋面的人聚集的场合，哪怕次数很少，也要让其他人听到你的声音，把自己感受到的事情坦诚地讲出来。即使没有整理好思路也不要害怕，一开始不妨想到什么就说什么。

拥有一技之长

前面提到，我会时刻准备一些适合闲聊的段子。我想成为那种人，即无论什么时候，当有人让我讲件有意思的事情时，我能立刻拿出一个故事讲30分钟甚至一小时。

这听起来像开玩笑，但拥有一技之长很重要，它可能扭转事情的局面，改变事情的结果。我自己就曾以一技之长扭转了艰难的局面。

比如，大家聊天聊得兴致高涨时，旁边的人突然说："松浦先生，你也给大家露一手吧！"这时如果我说："不不，我什么都不会。"对方会说："哦，这样啊。"对话就此结束。

虽然对方不会强迫，但在类似场合中咬咬牙表演些什么，会创造超乎想象的价值。

　　如果能在那个场合中表演些什么，可能会一瞬间俘获在场的所有人。比如在被人要求表演后，仿佛一直在等这一刻似的突然站起来高歌一曲，那将瞬间提高别人对自己的评价。不管是模仿、落语①还是魔术，有一技之长会使你受益良多。

　　总之，无论对方要求什么，自己都能够应对，具备这样的决心，面对任何问题时你都能不为所动且不害怕，让对方知道你抱着不惧怕任何问题的态度在和他对话。

　　在生意场上，重要的是加深与对方的联系。为此，无论什么事情都要拼尽全力去做，暂时将自己的敏感和胆怯埋藏在自己心里。

---

①　落语：日本曲艺演出的一种，以诙谐的语句加上动作，再以有趣的结尾逗观众发笑，类似于单口相声。

不要轻易被他人笼络

人总是本能地寻求同伴。无论对客户、上司、同事，还是对部下，总希望他们能够与自己站在同一战线，希望他们能理解自己，所以在交往时会下意识地笼络对方，试图与对方建立一种利益共同体的关系。

但是，这种"笼络"来的关系与在生意中建立的深厚关系完全不同。对对方萌生感情不太能起正面作用。以交往时间的长短来判定双方关系的深浅也十分危险。如果双方足够熟悉，关系又很好的话，他们做出的判断可能不够理性，也不能坚定地拒绝对方不合理的要求，最终会使双方的谈判变得艰难。

另外，对方给你行方便不一定是件好事。如果接受了对方的做法，同时也就破坏了双方的平等关系，这意味着下一次你也必须给对方行方便。

　　和人交往的时候，我会时刻注意不让自己被对方笼络，因为一旦被笼络便无法轻易脱身；只要试图从中脱离，双方就可能成为敌人。明明之前还可以互诉衷肠，切实为对方着想，一旦其中一方的态度冷淡，另一方便会心生不满，工作便不能顺利进行。这就是人际交往中困难的地方。因此，学会保持恰当的距离很重要。

　　我一直都注意保持一种客观的态度。说不要陷入他人的"魔掌"或许不太合适，但要知道，无论在哪里都有被笼络的可能。

　　试着回想一下，你身边有没有那种即使你没有开口询问，对方也会主动来告诉你谣言的人？

　　"这件事我还没有跟任何人说，其实是这样的……"

　　"关于这件事情，背后其实是这样的……"

　　"下一次好像要开始做……"

　　这样的信息一开始你会觉得很有价值，一旦听到最后，你便可能被对方笼络，变成对方的同盟、自己人。

　　如果出现了纷争，相应地就会有各种解释。很多人都希望自己的解释能让别人听到。这样的人不仅存在于客户中，也存在于自己公司内部。无论在哪里，喜欢被笼络和喜欢笼络别人的人都存在。

虽然很多人会有因为好奇而打听事情的情况，但请你坚定地认识到：知道那些必要的、正确的、从正式渠道获取的信息就足够了，多余的信息反而有可能使你做出错误的判断。

我一直都注意和他人保持适当的距离，只要是以谣言、传闻开始的对话，我都会远离。

同样，我也尽量不谈论那些不在场的人，无论他是公司内部的还是外部的人。我不会特殊对待他人，也一直避免被他人特殊对待。在我看来，避开那些爱讨论秘密和谣言的派系或团体很有必要。

这也是在工作中交流的窍门之一。

推销自己

第三章

出声练习，消除不安

如果当天要做重要的演讲，从早上开始我便会紧张，但我会尽量使自己放松下来，因为在演讲时语气轻松必然能使听众感到舒服，从而提高成功的概率。

为了使自己不紧张，该怎么做呢？最有效的办法就是消除自己的不安。

在正式演讲之前，我会反复练习——拿着资料，出声练习。在这个过程中你一定可以发现一些前言不搭后语、不对劲的地方，所以练习非常必要。

修改好不对劲的地方、掌握了整体的流程后，我会开始计时，以确认自己花了多少时间。如果一分钟可以读一页，那么20页的演讲稿大概需要20分钟。像这样明确了大概需要的时间之后，正式演讲时一旦时间不够，我也能灵活调整。

通过这种方式，自己可以感到已经做了万全的准备，觉得一定没问题，这对消除心里的不安非常重要。

花费时间练习，并不是为了掌握更高超的技巧。严格来说，没有必要把全部精力放在讲话技巧上。对于讲话技巧高超的人，大家反而会防备。比起聪明有技巧的发言，质朴的发言更深入人心。使用被世人认可的"有说服力的说话方式"演讲，在我看来并没有必要。

而且无论练习多少遍，当天的演讲也不会完全如练习般顺利。演讲过程中会出现很多意外，还会突然被提问。即使自己想要快点讲完，但回答问题会消耗很多能量，自己的节奏也会被打乱。

也没必要提前把要讲的内容做成台本去背诵。即使按背诵的内容推进演讲了，也不能全然打动对方。

练习就像买保险，它可以消除自己的不安。

虽然不需要以完美为目标，但请把自己能想到的内容全都练习一遍，确保自己把能做的事情都做到了。这样，你就可以满怀信心地迎接演讲的那一天。即使当天发生了意料之外的事情，你也能毫不恐慌地沉着应对。

收集信息，游刃有余

　　演讲前，还需要花时间了解对方企业的经营者以及即将与你会面的人。如果对方企业规模较大，还需要看一下他们的财务报表，了解其经营者以及将要会面的人的履历和为人。对方特意花时间来听你的演讲，尽全力准备是最基本的规则。

　　在调查的过程中，你能够逐渐看清该企业的历史及现状，也能理解对方经历过什么、有什么样的想法。比如有些人看上去很厉害，但年轻的时候吃过不少苦头；有些人被评价说很难相处，但接触下来却发现他们有一些出人意料的地方。了解背景，你逐渐能和他们感同身受。

　　不安和恐惧，通常是在面对未知的事物时产生的。

了解了自己面对的是什么样的企业或者什么样的人，你就能消除未知，那么不安也会逐渐消失。

后来我从《生活手帖》跳槽到 IT 界有名的 Cookpad[①]公司，入职前一周我感觉自己的身体状况在逐渐变差。当时我的情绪一直很低落，每天都会反复地想"我到底为什么要跳槽"，以至于完全无法入睡。

那正是因为我对 IT 行业一无所知，才会感到不安。

之前我所在的杂志行业，在出版界中属于数字化程度较低的行业，那时我从来没有用过智能手机。进入这种先端技术领域的公司，我无法预料自己之前的经验能不能发挥作用，况且还有很多别人已经习以为常的专业术语，我也不是很懂，这使我十分恐慌。

为了消除这种不安，我对 IT 术语进行了彻底的学习，拼命阅读与互联网行业相关的书籍，同时，我还仔细浏览公司的网站及公司职员的博客。这样一来，我积累了不少关于这个公司及这个行业的知识，心态逐渐平

---

① 日本大型食谱社区。——编者注

稳。我基本可以想象日后的工作内容，并且有信心胜任。在入职当天，我怀着轻松的心情去上班，这时我发现，未知带给我的不安终于不见了。

不过，在演讲的时候，没有必要故意展示自己调查的内容，甚至有些事情即便知道也要装作不知道，只要记住自己想说的话即可。在此基础上，如果能够再多了解一些对方的事情，你就能游刃有余。这样的话，即使面对初次见面的人，你也不会感到恐惧，甚至可以很快融入对方的氛围，灵活应对各种场面。

拥有一定的知识储备，好处是即使遇到不懂的地方也可以坦诚地表示自己不知道。如果什么都不知道，显然是你准备得不够充分，那么自然会恐惧向对方提问。相反，如果你能向对方提问："围绕这件事情我也做过一些调查，但具体是怎样的呢？"对方也会觉得你用心准备了，从而热心为你解答。大多数不安都可以通过事前收集信息得到解决。

整理仪表，会更自信

要做重要的演讲那天，注意比平时早起一些，认真整理自己的仪表。如果一个人头发乱糟糟的，指甲很长，或没有好好刷牙、剃胡子，他就无法自信地表现自己。

虽说着装和平时比不需要有太大的变化，但如果早上起来发现身边只有皱皱巴巴的衣服和一双因下雨而沾满泥的鞋子，那这样的着装无论如何也无法使自己信心满满地站在众人面前。

注意仪表，不能只在特别的日子特意准备。在日常生活中，如果你有意识地打理自己，那就算突然要去见什么重要的人，你也不会因此而怯场。

整理仪表指很多方面，比如经常洗澡，保持身体干净，维持清爽利落的发型，避免不够整洁的服装，调整身体状态以免显露疲态，等等。能够做到这些的人，在与人见面的那一刻便已占据了优势。这些事任何人都能做到，区别在于自己能否意识到。如果不注意，你可能因此错过某些关键机会。

演讲前必须做的事情，是消除自己的不安。只要正视自己的不安，你自然而然能找到应对的办法。

如果在演讲当天还是无可避免地感到紧张，那就让自己清醒地意识到这种紧张。只要接受紧张的自己，就能很大程度缓解紧张的感觉，毕竟在重要的场合发表演讲谁都会紧张。但有一点需要注意：千万不要迟到。很多优秀的人会提前 15 分钟到达会场。

确认"三个是否"

在演讲之前，我一定会确认三个关键点：我们的提案"是否能让对方产生利益""是否能实现""是否符合对方的理念"。

对于这三点，每次我都会像"指差确认"①一般仔细考量。演讲是通过陈述自己想做的事情以及能做的事情去销售产品或服务，但仅凭这些还不够。单纯表达自己的强项无法打动对方。

第一点"是否能让对方产生利益"，指如果和你们合作，对方有什么好处。在第一章，我说过"不要只为自

---

① 指差确认：创于日本，原为铁路行业的安全动作，即用手指指着物件，口诵确认，"手比眼看口呼"，以减少人为失误。后来广泛应用于不同行业。

己考虑，学会从对方的视角思考"。演讲也一样，如果过于投入地向对方推销自己的企划，反而可能诠释不清楚。

思考第二点"是否能实现"，是为了防止操之过急，从而造成准备不足。提案若因为没有充分考虑需要的时间和费用而最终无法实现，那就毫无意义。在演讲的时候，人们很容易不自觉地夸大自己想表达的效果。需要注意的是，尽量避免使用容易让对方产生过分期待的措辞，因为这样的表述在大多数情况下都会被识破。"不承诺做不到的事情"是生意场上的一大原则。

至于第三点"是否符合对方的理念"，简单地举个例子，如果你对一个主张创建环境友好型城市的公司提议设置塑料瓶装饮料的自动贩卖机，你将得不到对方的积极回应。因为对于建设环境友好型城市来说，塑料瓶垃圾是一个重大问题。面对这样的公司，你需要表现的是你愿与之一起解决塑料瓶垃圾问题的态度。

这三个问题，你演讲时面对的人会关心，在其他各种工作中遇到的人也会关心。无论与谁谈生意，对方基本上都会下意识地寻找这三个问题的答案。所以只要认

真准备这三点，对方就能感受到你的确用心准备了。如
果能在被对方问到之前就积极告诉对方这三个问题的答
案，整个会谈会进行得很顺利。

笑容和热情更重要

演讲时一定要带着笑容。如果以严肃的表情演讲，听的人会感到压抑。所以演讲之前请带着笑容，以一种"从现在开始我要展示一段有趣的内容"这种轻松愉快的心情开始你的演讲。

有时，越想顺利完美地演讲越会白忙一场。比起完美的演讲，更好的是让人有发问余地的演讲。

有一次在做一个重要演讲的时候，我突然脑子一片空白，便对在场的人说："现在我的大脑有点乱，请让我休息 30 秒。"然后暂时中断了演讲。我话音刚落，现场的气氛缓和下来。在场的人纷纷对我说"非常能理解你的心情"，以此表达他们和我感同身受。后来我也顺利地完成了那次演讲。

如果演讲过于完美，听的人会猜测你是不是撒了什么谎，或者是不是在故意笼络他们，因而产生戒备心。不仅正式的演讲，日常的交流也一样，人们通常不会投票给完美的人。比起完美，紧张导致的结巴、手抖及忘词更能激起听众的同理心。虽然没必要刻意表现出紧张，但这种紧张的确更能体现一个人拼尽全力的样子。

就我自身而言，如果我表现得太自命不凡，则常常会让场面变得生硬；如果说得过于流畅，又像在欺骗对方，导致自己无法冷静。所以，不必过分执着于"成功演讲的技巧""有说服力的讲话方式"，请加倍珍惜你的笑容和热情。

将想说的话总结成一点

演讲的铁则是，把想说的主题集中到一点上。虽然能理解你有很多话想表达，但讲的东西若太烦琐，便无法给人留下深刻的印象。虽然大家经常强调讲好一个故事的重要性，但故事犹如包裹主题的外壳，最重要的还是尽量简洁地说明主题。要随时做好准备，即使在演讲中途被性急的人迫不及待地问"你到底想说什么"，你也能有条不紊地回答。

例如被人问到"这是一本什么书"时，冗长地回答第一章如何、第二章又如何，很难引起对方的兴趣，如果简短地回答"用一句话来说，这是一本介绍工作中交流方法的书"，那么对方便会继续要求"请再说一下具体写了什么"。比起一次性提供大量信息，简短的回答更能获得对方情感上的共鸣。

每次演讲之前，我都会说明"我今天是来说关于××的事情的"，以便让对方也能明确此次演讲的主题。这是因为我有过演讲途中突然被问到"你今天是来讲什么的"的经历。当时我过于惊慌，一时之间竟哑口无言。令我错愕的是，我明明已经讲了一段时间了，对方却仿佛完全没有理解。

从那以后，我每次演讲都会在最开始明确表达主题。这样双方有了共同的认知，即便之后的内容一时偏离了主题，我也很容易将话题重新拉回正轨。

和已经见过多次的客户见面时，我也会先用几分钟来闲聊，在闲聊的过程中确认当天要讨论的主题。相互之间达成共识后再开始对话，能在一定程度上避免对话失败。

在演讲的过程中，我会多次使用"如果用一句话来说"以引起对方的注意。之后我会近乎执拗地重复使用我准备好的"杀手锏"——多次重复同一句话。对方也许会想"不会吧，怎么又讲了一遍"，但是这种方法能够让对方记住我想传达的信息。如果被指出"这件事你刚才说过了哦"，只要回答一句"我们想表达的内容全都体现在这句话里了"就足够了。

　　演讲时措辞诙谐幽默，会使听的人感到舒服，但有时无法给人留下深刻的印象。事后对方回想演讲的内容，很可能会产生"所以他到底说了什么"的疑问。如果你的发言无法给人留下印象，双方的生意便无从谈起。所以，演讲时请将想说的话总结成一点，简洁明了地传达对方必须知道的事情。

审时度势，调整发言

在讲话时察觉到对方觉得无聊的时候，如果进行更详细的解释反而会加重对方的无聊感。在这种情况下，你需要做的是尽量缩短自己的发言。

预计 30 分钟可以讲完的内容，如果察觉到了对方的无聊，就不要继续按照准备好的资料一页一页地讲下去，挑重点快速讲完即可。最短的一次我只用了七八分钟就结束了发言。

即使对方一直都是一脸想让你快点讲完的表情，但如果你真的非常快速地讲完了，对方反而会很惊讶地说："这么快就讲完了吗？"此后的气氛会变得不同。如果你紧接着向对方说："有什么不明白的地方请尽情提问。"对方便会问你："这件事情到底是什么意思？"

与对方对话的时间越长，成功的概率就越大。不要一味表达自己的想法，要让双方都参与到交流中，这样对方也更容易理解你的想法。直接回答对方关心的问题，能在保持高效率交流的同时，提高交流的质量。这个方法不仅可以用在对方感到无聊的时候，也可以用在想改变现场氛围的时候。

让对方提问，并不意味着你一定能回答对方的所有问题，无法回答时最好的回答是"不知道"。这并不会使你失去对方的信任，相反，这会成为对方了解你应变能力的契机，所以只要诚实地回答即可。但在那之后可以加一句："我会回去调查一下，在××日之前给您回复。"需要注意，一定要在承诺的时间内给对方答复。

为演讲做的准备越充分，演讲时就越想按照自己的计划进行，但难免遇到始料未及的情况。缩短自己的发言，以互相提问的方式去交流，不仅可以提高双方交流的质量，而且可以让一开始觉得无聊的对方明白没有白费时间。只要能跨过界线进而高质量地交流，之后的相处会变得很愉快。

"认同""信赖""接受"

　　当你向他人推销或交流工作上的事情时，希望你可以注意三种感受，分别是"认同""信赖""接受"。一直以来，和客户交谈时，我都会努力让这三种情感在他们心中萌芽。

　　不是直接说"请认同我""请信赖我"这种话，而是在和对方对话的同时，思考用什么样的说话方式获得对方的认同、在什么时候被对方信任、展示什么样的数据对方会接受自己。

　　就像我前面说的，对话时，流利地说个不停，不如紧张导致的结巴更能让人产生认同感。在被对方指出措辞中的矛盾点的时候，与其靠说辞来挽回局面，不如仔细调查再回复，这样更容易取得对方的信任。比起"一定能够赚钱""请相信我"这种话，令人信服的数据更能使对方接受你的提议。

左右生意结果的是人的情感。如果能够巧妙地掌握这三种感受，工作就会一直顺利进行。

因为人有情感，所以有时才会受到困扰，但有时失败会变成机会。所以，请好好与人的感受相处吧。

灵活使用事先准备的资料

通常情况下，演讲前要准备资料，按照人数打印，将其装入新的透明文件夹里发给出席的人，但有时候我特意不分发资料。

到达会议室时，如果看到一群身经百战的商业老手坐成一排，我感到气氛非同寻常，那么我会立即开始我的演讲。从我的经验来说，用与平时一样的常规方式对待他们是行不通的。有时我刚发完资料正要开始说明，对方便愤怒地说道："不是这么回事吧"；有时还没来得及分发资料，就突然被质问，或者突然被命令"你用一句话解释一下"。

虽然一般情况下需要先分发资料再演讲，但是我希望你们记住，这并不适用于所有场合。如果碰到不适用的场合，不妨干脆舍弃平时的做法，用自己的声音和肢体语言去表达。因为那些人希望看到的不是平凡、毫无刺激的对话，而是像真正的相扑比赛那样有紧迫感的对决。所以在碰到这种情况时，请做好心理准备，堂堂正正地站到台上和他们决一胜负。

不过，准备好的资料也不需要原封不动地带回去，在离开前悄悄交给对方的秘书或者前台的工作人员即可。对方负责人需要写报告或需要确认时发现笔记做得不全，手边的资料总能派上用场。

演讲的形式经常会随当天场内的氛围而定，即使提前确定了当天要讲的内容，在现场也有可能发生变动，甚至和准备的内容完全不同。

随着时间的流逝，你会越来越焦虑，但即便如此，也不要为了达到目的而强迫自己回到事先准备的内容上，要试着贴近对方。万一掉入了对方的节奏，也不要强行夺回控制权。

不要做无谓的抵抗，顺着当时的氛围好好观察对方，通过观察，发现对方企业存在的困扰。大部分情况下，以此为契机，双方反而能够消除隔阂、开诚布公，最终将对话变成有价值的交流。在这样的对话中，双方经常能发现新的商机。

做决定需要证据

　　除了交流，商业会谈中还有一个非常重要的任务是提供证据。假设我在给一个公司做提案，双方聊得十分投机，当场决定要一起合作，但在即将签约的时候，情况发生了反转。

　　就算对方下定决心想在我的提案上赌一把，有时也会反悔说"暂时搁置"，又或者是得不到公司管理层的同意。

　　即便和我对话的人想把在我的提案中感受到的可能性和信任传达给那些不在场的人，只靠口头转述也很难实现。决策过程中，为了使提案正当化，明确的数据必不可少。

　　因此，每次提案时我都会准备能够帮助对方做决定的数据。为了使对方能轻松地向公司内部的其他人说明，我会把提案资料当作纪念品送给对方。

举个例子，如果要建一个托儿所，我会准备关于当地居民的平均年龄和出生率、双职工家庭的数量等信息，来帮助对方预测这个项目有多少销售额和利润。

在这个时代，只要仔细查阅资料就能轻易收集这些数据。在相关部门的统计数据中，看电视的时长、做饭的时长、一个月的书费、每天都吃早饭的人的比例、健康上的烦恼等，都可以按照性别、年龄甚至地区分类统计。

这些数据可以表明投资方的投资不是只考虑感情的冲动决策，而是基于数据做出的理性决定，即使失败了也可以解释。在如今这个企业规范越发严格的年代，比起决策的结果，大家更重视做决策的过程。所以即使在做决策的当下没能预测之后的失败，只要不用背负对方所不能承受的责任，对方就很容易做出决策。

只靠热情不足以说服整个组织。即使是经营者，决策失败也会被其他股东问责，所以，提案的时候一定要亮出能促使他们做决定的证据，数据只是证据的一种。

　　不过，我演讲时并不会优先展示证据。因为演讲最重要的目的是让对方理解我们的项目的主题和意义，提供证据说到底只是辅助手段，毕竟做决策之前做调查也是对方的工作之一。

　　在和我们有生意往来的企业中，也有自己调查、准备证据的。对方企业在理解了我提案的项目之后，邀请我合作。几天后，对方有人联络我说："我现在正在调查您过去的一些项目的信息。"

　　他亲自研究了那些我参与过的企划。我把提案时准备的"辅助资料"发了一份给他。他应该是想在一件一件亲自确认过后，把它们拍下来添加到自己准备好的资料中，再跟上司报告吧。之后他问我还有没有其他资料，我又找了一些交给他。那个时候我不禁感叹，他的这种热情值得我学习。

　　做到这种地步，经营者无法对他说"不"。如果被上司问到"有什么证据可以证明这个项目可以顺利进行呢"，他便可以把拍好的照片摆在上司面前，并告诉上司他去实地考察了我之前所有的项目。没有任何资料比这更具说服力。

　　我从他的做法中学到了重要的一点：数据很有说服力，但如果加上自己亲自确认的、切身体会的内容，会更具说服力。为了取得上司和经营者的许可，必要的证据加上自己的实地走访确认效果会更好。

通过演讲，促成决定

　　每一次演讲，到最后我都大汗淋漓，因为我希望通过演讲做出决策——我指的是让对方做出决定。

　　即使在演讲时拼尽全力，表现渐入佳境，但我心里知道这并不是我的最终目的。一般来说，结束一次演讲后，演讲者会变得筋疲力尽。很多人会在最后时刻说一句"还请贵公司商讨后，尽快给我们反馈"，然后就回去了。他们把决定演讲结果的主动权交给对方，这相当于无功而返。无论多么精彩的演讲，最终没有成果的话也毫无意义。

　　所以，你要在演讲的最后问对方"您觉得如何"，如果对方没有回答，不要轻易结束此次会面。有人害怕被对方当场否决，所以选择不当面催促对方给出回答，从而将决定权全盘交给对方，这就等于倒在了终点前面。都到这个时候了，请再加把劲冲过终点吧。

为什么让对方当场做出决定这件事情很重要？因为如果不及时敲定，大多数情况下得不到对方的回复。自己不主动询问"那天提案的项目怎么样了"，对方便不会主动联络。在问这句话的时候，你其实也能意识到对方对当天的提案已经没有兴趣了。这就是为什么明明演讲进行得很顺利，最终却无法获得合约。

大多数演讲场合有掌握决策权的人在场，所以最理想的局面是当场让对方做出决定。如果有决策权的人对你说了"我觉得不错""让我们积极推进吧"这种话，在场的其他人也一定会仔细聆听。当然，对方说的话也会被落实到会议记录上，进行到下一个阶段时，项目负责人也会很谨慎地帮你推进。所以，千万不要错过演讲当天的机会。

当然，从对方的立场来说，确实存在不能当场说出"我们签约吧"这种话的情况。如果不能当场确认对方是想向前推进还是想完全否定，那么就无法进行下一步的行动。这时，我认为可以采取"如果对方不回答就决不离开"的态度，紧抓对方不放。在真正的商业场合，不能把结论变得暧昧。切实地确认对方的想法吧，即使失败了也没关系。

演讲不是为了顺利地讲完，而是为了促成决定。

提案应基于对方的需求

我在第一章说过，要主动向对方企业推销自己，要向素未谋面的企业领导层从头开始推销。这一节我会更加具体地介绍如何从头开始制作企划并向对方推销。

"如果是我，一定能够做得更好"，这种话是基于感性的，没有任何数据或理论支撑。

所以在做企划的第一阶段，要调查对方现在的状况——正在面临什么困境，未来要如何发展。

如果对方是上市公司，我会做一个详细的经营状况分析。调查对方近几年的财务报表、行业动向及同行业其他公司的情况，然后分析他们在之前的某个时期是什么情况，现在又是什么处境。对方公司的招聘信息也是很重要的分析素材，你能从中了解对方现在需要什么样的人才，进而推知对方事业的发展方向。

在充分调查的基础之上，试着建立"他们以后想在亚洲市场大展拳脚""他们应该会把重心移向数字媒体"这样的假说，然后便能够想象对方企业的经营者正在面临什么样的课题。在一个企业中，职位越高的人越会苦于有问题不能立刻解决。如果这时恰好有人提出一个能够解决他的问题的企划，一定会备受欢迎。

我曾经给一个企业的经营者提案，并与之达成了合作协议，就是因为我提供了一个能够解决对方烦恼的方案。

那个企业的经营者拥有独到的企业经营理念，但他的员工们却不能很好地理解。我意识到他也许会因此感到着急，所以向他提供了一个可以将经营者的理念渗透到员工之中的方案。他毫不犹豫地接受了。

在和其他企业的经营者交往中，我注意到他们在开拓国际业务时，常苦恼于不知如何将其在日本培养的企业理念完整地带到国外。所以，我在对他们演讲时会对症下药。这时，他们会非常高兴地对我说，我把他们担心的事情用语言表达了出来。

知道对方企业有什么样的烦恼，是我深思熟虑后的结果。一直以来，我想成为对方的合作伙伴，发现对方没有发现的、隐藏在对方企业中的价值，并对此给出提案。事实证明我做到了。

在演讲的时候，你可以向对方展示自己公司长期以来的项目经验和公司成员的优秀背景，自信满满地给对方提供充分体现自己公司个性的方案。这虽然是一种很好的表现方式，但要注意，对方寻求的是对自己有益的方案，无论你的提案多么精彩，如果不能从对方的立场出发，那双方不可能达成合作。只从自己的立场出发设计方案，结果不是对方用不上，就是方案和对方未来的发展方向不一致。

用自己擅长的事情去决一胜负不是坏事，但更重要的是平稳地站在对方的立场思考问题。为此，详尽的调查必不可少。

谈

第四章

判

不讨价还价

商业谈判中最重要的是关于金钱的问题。只要开始在金钱上讨价还价，结果一定以一方的妥协告终。讨价还价对双方来说都很有压力，他们需要投入很多的时间和精力，导致工作效率不高。

如果是买卖市面上常见的商品或者一直以来双方之间都有买卖合约，那谁都知道这个商品的市场价大概是多少。但如果像我一样，是在创造以前从未有过的商品、提供全新的服务，那最终的价格就取决于这些商品和服务究竟被认为具有怎样的价值。

因此，我不会一开始就给对方报价。虽说报价是在仔细考量投入的时间、人力、技术及所具价值等要素后得出的有据可依的数字，但我们并不清楚这个数字对对方来说是否妥当。即使你最终算出的金额对你来说有理有据，但根据情况的不同，对方的出价也许远不及你的预期。在这种情况下，双方就很难达成一致。无论多么积极地向对方说明这个产品在本领域取得的实绩、这个技术有多么厉害，只要报价远超对方的预期，就不太可能轻易获得对方的理解。

所以在和对方谈关于价格的问题之前，我通常会先了解对方的预期金额。不是一开始就直截了当地问，而是在大概掌握了对方的预算之后，据此提出一个差距不大的报价给对方。

虽然也有先给对方报价、表明"这只是一个大概的数字"之后再开始谈判的做法，但这极易导致双方讨价还价，还有可能造成误解、损失信用。

某些行业会有一些不成文的规定，只凭个人经验不能断言一切，但如果想与对方合作成功，那带着互利的姿态去探讨金钱方面的问题便极为重要。

即使最开始提供的价格对方无法接受，通过双方不断沟通交流，最终也有机会找到一个双方都同意的价格。

这个过程不是讨价还价，而是相互磨合。

如果建立了一种既能相互传达立场，也能对话的关系，双方就不会因谈判而产生压力。即使最终没能达成合作协议，未来对方也有可能向你提议："这次我们预算充足，要不要一起合作？"

在谈话中是优先考虑自己的利益，还是站在对方的立场考虑，会使双方的关系拥有完全不同的走向。如果只考虑自己，强迫对方接受自己的条件，那便无法建立互相信赖的关系。

谈判不是只争取对自己有利的条件。一味强势地推进，必然会产生不利影响。不要只关注眼前的胜负，在理解对方的基础上合作，让步也很重要。

用成本效益说服对方

影响报价的重要因素只有一个，那就是成本效益 [①]。如果成本效益高，那么即便报价和对方的预算有差距，大部分情况下对方也能接受。

拘泥于金额大小的谈判会使双方都有很大的压力，但如果是谈论成本效益这种更为明确的指标，谈判便能顺利进行。

如果只是单方面地告诉对方你提供的产品有什么价值、值多少钱，很难获得对方的理解。无论你多么详细地说明实际操作需要多少时间、技术开发经过多少岁月，

[①] 成本效益分析是通过比较项目的全部成本和效益来评估项目价值的一种方法。

这些对对方来说都是无关紧要的事情。

要想说服对方，就需要具体地向对方说明他们可以从你这里获得怎样的效益。让对方注意到在达成对方所期望的效益之外，你还可以实现他们没有想过的效益。只要能做到这个程度，成本效益就能提高，对方也会认为这是一笔好买卖，继而与你合作。

在这种情况下，对对方企业经营状况的调查也会起作用。通过调查对方的财务状况和行业动向，自己建立各种关于对方企业发展的假说，再向对方说明你们做的事情能够为他们带来什么样的效益。只要能让对方理性思考后认为你们的报价是值得的，你们便会顺利地达成合作。

你为对方提供的数据，在对方负责人向上司说明情况时也能派上用场。当报价高于对方的预算，对方负责人无法当场决定，需要获得上司的许可时，你可以把准备好的资料递给对方，说一句"如果需要，请查阅这份资料"，这一定会对合作有所助益。

另外，最好事先调查一下同行业其他公司同类服务的报价，比如同样的工作，A 公司做了什么，价格是多少，B 公司的价格又是多少。在此基础上向对方说明，"虽然我们比 A 公司价格高了一点，但是我们有自己的理由""我们提供的是对方无法提供的"，等等。有了这样的比较，方案的说服力会更强。

通过展现自己的公司与同行业其他公司报价的差异，你更能清楚明了地向对方说明你提供的方案的价值。虽然调查十分烦琐，但如果真想争取与对方合作，就必须付出这么多精力。

比起讨价还价，我更愿意把时间花在思考如何促使对方接受我的方案上，因为这才是生意的根本所在。

如果顺利与对方达成了合约，那么下一步就应该思考如何才能超出对方的期望。

报价时的误区

给对方的报价单中，最忌讳一刀切式地只提供总价，完全不列出明细。如果只给对方提供"网页制作的总价""装修费的总价"，那么对方完全不能理解报价的依据是什么。

即使向对方提出可以在这个报价的基础上再优惠百分之十，由于对方一开始就完全不明白报价的依据，此时就不会为此感激，反而会更加困惑。

详细列出报价的每个细节，也是在列明具体的工作内容。这不仅能更清晰地做成本效益分析，还能帮助你从容应对对方的降价要求。

注重成本效益

做交易时，我们必然想寻求一个业绩优良的交易伙伴，因为对方的业绩好坏不仅影响自己公司的成绩，而且能保证双方的交易顺利进行，不用担心出现延迟支付的情况。

需要注意的一点是，对方公司之所以业绩优秀，是因为其本身对成本效益有严格要求。只做成本效益高的生意，所以业绩很好。在谈判时，他们也会显露对成本效益的高要求。

相反，大多数业绩低迷的公司不会对成本效益有太高的要求。你提出关于成本效益的话题，有时对方会为此感到高兴，因为你的话让他们意识到自己欠缺这方面的考量，会乐于把你的话作为参考。

"反正对方公司盈利能力很强，不会那么仔细地看我提出的成本效益吧""不会对此有很多意见吧"，如果抱着这种心态而疏忽大意，便会陷入不利的境地。说明成本效益时的严谨程度不同，会造就截然不同的谈判结果。

如果抱着"反正对方也没问，成本效益无所谓"的心态而大意，终会自食恶果。与其等待对方提问，不如主动向对方说明以这个价格可以做到什么效果。如果只是以回答对方的问题的姿态展开对话，最终你会变得被动，导致想说的话无法顺利传达。千万不要跟对方说"我们一直是按照这种方式进行的"。这种情况下，双方的生意几乎不可能做成，甚至会让你失去来之不易的做生意的机会，因此你要十分注意。

在谈判之前请仔细准备资料。不要以为自己业绩好谈判就会顺利，现实情况可能相反。

不要随意更改报价

做生意的一大原则是不要更改已经给出的报价。根据对方的态度改变报价，从长远来看可能有损自身的信誉。因为一旦改动价格，对方便会产生"既然能改动，为什么一开始不出示这个价格"的疑问，从而怀疑最初报价的依据。

如果对方要求"再便宜一点"，最好的办法是结合成本效益向对方解释不能便宜的原因。对方经常忽略的一点是，成本费用的减少也会使最终效果受到影响。在报价单上列出工作明细，在被要求降价时，就可以坚定地向对方解释"如果降价，那就需要缩减工作时间，这样的话，就无法达到怎样怎样的效果"，以此来避免被随意压价。

如果遇到对方坚持要求降价的情况，也不要只是给对方减少总金额，使自己吃亏，而是以最终成交价格为基础，相应地减少工作量，或降低成果品质、服务等级，或减少运转时间。因为报价应该与业务内容联动。

只要答应对方一次降价要求，在之后的交易中对方还会说"这次也拜托了""上一次也是这样的"来要求你继续降价。如果这种情况持续发生，为了避免价格过低，一些人会先给对方提供一个高于实际数额的报价。这将使双方失去信任，最终陷入讨价还价的游戏，纯属本末倒置。

如果碰到执意要求降价的对手，那么学会控制自己不与其交易，这一点也很重要。

项目不同，自有例外

虽然价格谈判应该公正平等地进行，但并不是所有的交易都要寻求合理的报酬，也有先损失己方利益再寻求回报的案例。

有时由于最大限度地投入了人力、时间和技术而造成了巨大的亏损，但这也可能是取得下一次与对方合作的机会的不错方式。将亏损的部分当作投资，看作为了和对方建立关系所付出的代价，长期来看也有可观的回报率。但这只是个例。

如果碍于对方的面子不得不降价，最多只能抹掉零头。请把这种情况也当作特例对待。

不是所有的生意都有章可循，也不存在即使亏损也无所谓的交易。有时出于合作或者援助的目的接受一份工作，也要考量它那些无法用金钱衡量的优势。可以允许特殊情况的存在，但无论什么交易都要清楚地了解收支状况及其优缺点。

委托方不要提出降价要求

就委托方和实际工作方而言，大多数情况下实际工作的一方花费的成本会比预计的高，因为做出超过预期的成果在某种意义上也是他们需要达成的目标。

在作业中，如果实际情况比预想的严峻而不得不增加投入，就必然需要更多的时间，这无疑会产生很大的工作量。在这种情况下，如果不能加把劲，成长便无从谈起。

虽然工作就是要付出一切、做出奉献，不过在大多数情况下，在工作中需要额外付出的努力几乎不会体现在前期报价中，相应地，实际工作方的利益自然会减少。

所以如果你是委托方，接受对方开出的条件可能会为你带来超过预期的回报。

在我看来，比起实际工作的一方，委托方需要更加费心。如果没有合作伙伴的协作，项目无法顺利进行。

我委托的施工方，在与我合作的同时也在和很多不同的人或企业合作。如果他们与我合作时不仅能获得可观的报酬，还能在提供优质的成果的同时为自己的职业生涯积攒经验，那么他们会为了我这份工作而拒绝同期的其他工作。相反，如果他们和我合作时，不仅煎熬、不赚钱还很累，这些优秀的人应该也不会想继续和我一起工作了吧。

在得到报价单后我会先仔细调查，如果对方提出的成本效益在我的接受范围内，我便会最大程度地优待对方，不仅不会压价，还会为对方提供舒适的工作环境、尽早支付报酬，使工作能够顺利进行。大多数情况下，这种方式对于公司来说利远大于弊。

下一节，我想介绍一个关于 COW BOOKS 的例子。

厚待对方有助于品质管理

我刚开始经营 COW BOOKS 时，发生过这样一件事。

对于旧书店来说，集齐高质量的书籍是成功的关键，所以我便公开声明以定价 1/4 的价格收购旧书，比如定价 1000 日元的书，我就用 250 日元收购。在日本，大多数销售旧书的人都以"一堆 100 日元"的标准低价买入旧书，但我并没有采取这种方式。

买卖旧书的人中也有流浪者。他们从垃圾场寻得能够卖的书，或者在旧书店买一些常见的 100 日元一本的书，再去转卖。东京有很多这样的人。我按照自己定的规则，用清楚明了的折算方式，根据书的定价计算收购价。如果定价 3000 日元，我就用 750 日元收购；如果定价 10 万日元，我就用 2 万 5 千日元收购，依此类推。这些向我卖书的人往往不修边幅，其中一些人身上还散发着强烈的异味，但我还是会认真地对待他们中的每一个人，只要他们来卖书，我都会招待他们一杯咖啡。

那么后来怎么样了呢？"只要有好书，COW BOOKS 就会以最高的价格收购。他们不仅态度友好，还会给你提供咖啡。"这种传闻很快就传遍了东京乃至日本。

最终的结果是 COW BOOKS 从日本各地收集到了各种好书，书的品类比其他任何旧书店都要齐全。我顾及卖书的人的感受，结果不仅收集到的图书质量高、品类全，书店的经营状况也变得非常好。

这件事让我认识到，不牺牲对方的利益，而是尽量优待他们，反而有助于公司的品质管理。我在前文说过，受托于一份工作时，要给对方提供超过期待的成果。这个道理当你是委托方的时候也同样适用。

如果我有一本非常想要的书，只要告诉那些转卖旧书的人，他们就会一边扩散消息说"听说 COW BOOKS

很想要这本书哦"，一边拼尽全力帮我寻找。

在生意中，出钱的一方更容易占上风，但是我们不能预料双方的处境什么时候会对调，而且我知道工作中最糟糕的局面是遇到困难时无人伸出援手。

厚待客户也是在援助自己，所以，不要一味地让谈判只朝有利于自己的方向进行。

不说"不好意思"

　　"不好意思"这句话可以应对很多场合，用起来很方便。但在商业场合或谈判的时候，最好不要使用。

　　如果你打碎了一个杯子，为了表达歉意，说一句"不好意思"很正常，但如果是在一些商业场合，被人指出错误或者被质问时，要控制自己，不要条件反射地说"不好意思"。

　　曾经我也经常下意识地说这句话，直到有天，一位我非常尊敬的年长的朋友对我说："这句话会降低别人对自己的评价，最好不要说。"我才注意到确实如此。

　　比如当交易对象问："这件事情该怎么处理？"这时如果下意识地说一句"不好意思"，对方接收到的信息便是这件事情进行得不顺利。所以不要随口说"不好意思",即便要多花费一些时间思考如何回答也没关系,只要明确跟对方说"因为某某原因,所以推迟了,在某某日之前能够确认"就好。说"不好意思"只会降低己方的位置,没有必要。

被上司指出"这里弄错了哦",也只要说一句"现在立刻修改"就可以解决,不必用"不好意思"去拉低对自己的评价。工作中有失误也并非十恶不赦,没有到需要谢罪的程度。

无论是要和对方解释情况,还是要立刻回答对方的问题,自信的姿态都很重要。虽说没有必要用傲慢的态度讲话,但自信地向对方传达想说的话也是对对方的尊重,因为对方会觉得你是在认真对待这件事情。

国外有一句谚语说"在人面前讲话要像国王一样",意思是像国王那样从容大方地表达意见,对方就会认真倾听。这句谚语的后半句是"倾听别人说话要像家臣一样",意思是要让对方知道他说的每一句话都被认真倾听。只要做到以上两点，无论表达还是倾听，你都将游刃有余。

国王一定不会说"不好意思"。和他人交谈，有不轻易说"不好意思"的意识十分重要。

提前设定拒绝的规则

　　谈判很多时候不得不跟对方说"不"，但很多人觉得说"不"很困难。为了圆满地结束谈判，很多人会当场说"好"；即使知道这种圆满仅限于谈判当天，日后可能会有麻烦，有的人在谈判的最后还是说了"好"，这只能说明你害怕否定，害怕拒绝他人。

　　为了能在关键时刻坚持自我，最好的办法是提前设定说"不"的规则。如果能在谈判前整理好自己的想法，就不会做出错误的判断。具体来说，谈判前需要明确时间表、预算及质量。

　　如果不能提前明确这些内容，谈判后很有可能要说"我们认真思考了一下，不可能按照这个时间表完成""靠这些预算无法完成"这些话。比起当场跟对方说"不"，处理这些问题更加困难。产品质量的高低取决于兼顾时间和预算的情况，如果用一些暧昧的措辞让对方抱有不合适的期待，那么日后就会产生不必要的麻烦。

也有一些情况是不当场和对方说"不"，而是说"待我们内部讨论之后给您回复"。但如果没能当场做出决定，双方当天洽谈的价值就会减半。因此，即使有细节需要仔细确认，在判断现场也应表明部分意向。

当场说"不"最大的价值在于能够展示自己和对方处于相同地位。如果要等回公司后另行决定部分事项，对方会觉得"你也不是主事人，就是一个传话的吧"，继而对你失去信任。

时间表、预算、质量这三点是双方达成协议最基本的事项。提前确认这三点，明确规则，就可以避免在谈判现场暧昧地说"好"的情况发生。

在谈判现场说"不"，是提高自身价值的行为。

准备问答集

在业绩没能达到预期时，或者在和客户探讨如何突破困境时，那些可能会被对方问到的问题，提前准备得越多越好。

我曾经负责一个项目，在得到结果之前，我几乎预想了所有可能发生的情况，思考客户可能对我所在的组织抱有什么疑问并将其一一列出。

那次我列了七十多个问题。之后我思考逐一解答每个问题后情况会如何、对此我的想法是什么。但其中大部分问题我都没能顺利答出来。

那次的经历让我明白了自己没能站在对方的角度思考，对应该说明的要点的理解也十分浅显，我意识到了自己其他方面存在的不足。没能顺利回答上述问题，并不是因为行业不景气之类的外部环境问题，而是因为自己的规划能力不足、和对方的交流不够、掌握的信息不充分及技能不过硬。

迄今为止，每次有重要的会议或者演讲时，我都会预先站在对方的立场提问并自己回答，思考对方对于我提出的方案会有什么样的疑问及其想要知道什么信息。明确这些问题的答案之后，我们的项目对对方来说有什么意义自然也就明白了。

这个方法不仅可以帮助我俯瞰全局，还能让我明确中长期计划，在任何谈判场合都能发挥作用。曾经听说一些企业在股东大会之前会准备预测的问题集，这种方法与之类似。

谈判时比起一味强调自己的主张，能在多大程度上理解对方的立场更重要。因此，请尝试思考对方会有什么样的疑问并逐一解答这些问题。这个过程可以很好地帮助你转换视角。

想要改变局势时离开座位

即使你为谈判做了精心的准备，有时也会出现谈判过程完全没有按照计划进行、准备的内容派不上用场的情况。在这种即将被逼入绝境的时候，应该怎么办才好？

虽然不是每次都能这么做，但如果遇到这种情况，有时可以把卫生间当作逃避所。对在场的人说一句"可以借用一下卫生间吗？马上就回来"，然后离开现场。这样不仅能使自己冷静下来，很多时候还能改变现场的局势。

这个方法是一位编辑教给我的，也是他偶尔会使用的。他在工作中经常要进行采访，采访时最让人头疼的是对方会说一些和问题毫不相关的话并一发不可收拾。他告诉我，当他无论如何都无法改变谈话方向时，假借去卫生间，离开一下，对方讲话的势头就会停止；回来后，采访也能重回轨道。我有时也会采用这种做法。

在谈判中，我们有时会完全被对方压制，有时会因为场面过于混乱而不知道自己在说些什么。这种情况下，我会说"请让我去一下卫生间"，暂时离席。这样做可以让自己和对方都冷静下来，谈判重新开始之后便会进行得更顺利。

改变局势还有另外一个方法。这个方法和我一直强调的带着热情说话完全相反，即如果你感受到当时的情况并不是自己喜欢的，那就保持沉默。

比如对方突然变得情绪化、双方谈话一直在来回兜圈子或者找不到好的切入点。这时，比起继续谈判，沉默的效果更好。交流过程中的沉默很可怕。在对方沉默的时候我自己也会变得不安，不禁想自己是不是犯了什么错误。

就我自身而言，沉默并不是为了使谈判向对我有利的方向进行，而是为了让对方转变思考方式。对方因你的沉默坐立不安，并反省自己是不是说了什么失礼的话，这有利于谈判回到正轨。

受制于对方时不做决定

是否擅长谈判或演讲，与能达成什么样的工作成果没有任何关系。很多人不擅长讲话，但有时也能意外地谈成大宗交易。因为他们清楚地知道自己不擅长讲话，所以不仅会在事前准备上花费大量的时间，还会在谈判时更仔细地聆听对方。因此，对方对他们的态度感到满意，从而愿意把项目委托给他们。

只要认真准备了，即便没能完美地表达，对方也不会过于介意。只要能向对方传达拼命努力的姿态，对方便不会刻意刁难。相比之下，擅长讲话的人有时因为做了过多解释，反而容易被追问。

如果对方提前准备好了台本，那你要十分警惕。为了顺利牵制你，他们可能会使出各种手段诱导你。

　　遇到这种情况，尽可能不在谈判当场做决定。谈判中最恐怖的是，在尚未具备足够的、可以为决策做支撑的材料时，被对方牵制着说了"好"而给对方造成误解。如果双方的讨论还不充分，对方却强烈要求"请当场做出决定"，或者对你说"如果今天不给出明确的答复，我们会很难办"，这时，比起向对方提问或者提条件，清楚明了地告诉对方"今天无法决定"才是最好的办法。

　　大多数按照自己的节奏工作的人都想催促你尽快做出决定。先不说这种做法是否公平，在我看来，这更像一种职权骚扰。无关擅不擅长，表现出毅然决然的态度十分重要。

把决定权交给对方

每一次商业洽谈，我都尽力让对方觉得今天的谈话有意义。我并不认为在谈判中使用花言巧语哄骗对方，使谈判向有利于自己的方向发展，就是好的谈判。商业礼仪要求不能比对方先挂电话，同理，无论碰到何种艰难的谈判，我也会尽量给对方留足颜面。

谈判中，对方能够主动做出决定是最理想的状态。这里指的并不是在我问出"这样可以吗"之后，对方回答"可以"，而是即使我提供信息、掌控了谈判局面，也要等待对方开口说"麻烦你就这样做吧"。在谈判中没有必要掌控主导权，表面的输赢不一定就是真正的输赢。

有很多人执着于胜负结果。在乎胜利的人认为将主导权握在自己手上会更安心，不能忍受失败的人觉得失败是因为"自己被迫退让""自己做了让步",仿佛自己是一个牺牲者。

我不争胜负是因为我觉得战斗毫无意义。执迷于胜负会使人对任何小事斤斤计较,从而导致工作停滞不前。工作绝对不是胜负之争。

无论是和客户谈判,还是和公司内部的人相处,想赢、想竞争的人随时都能发起挑战,但这对迎战的一方来说是单纯的消耗。执迷于胜负会使工作脱离其本质。如果遇到这样的情况,请不要立刻迎战,仔细、冷静地观察对方。即使被攻击了也不要抵抗,这样才能守住自己的内心。

失败了也不拖延

有时即使交易顺利达成，我也会感到不安。给对方提议想做什么事，对方从一开始的半信半疑到逐渐相信我，并对我说"让我们合作吧"，这样虽说已经达成了商业上的目的，本应高兴，但有时我感到如履薄冰。这也可以说是紧张的一种表现形式吧。

即便措辞和态度没有欺骗也没有恶意，但在回想自己有没有给对方过度的期待、有没有说多余的话、有没有给对方造成误解的时候，我依旧会感到浑身发抖、十分恐惧。这么说很多人可能会觉得不可思议，但比起谈判失败，成功可能更令人恐惧，因为此时已经无法回头，除了做下去别无他法。

谈判失败，人们最多也只是感叹"啊，这次失败了"，往往不会念念不忘，也极少会因为后悔而啰唆个不停，只要经过反省就能继续向前；反省时也只需考虑"当时这样做可能更好"来调整自己的心态，不需要"这个不太行""那个不太好"地回想每一个细节。

正因为谈判获得了成功，所以一些人才想达成更高的目标，根据现实情况考虑如何达成更高的目标时，他们自然会感到忧惧。

无论成功还是失败，我从来不会停下自己前进的脚步。无论何时，我都想继续前进，哪怕一步也好。

克服

服

第五章

困

难

遇见困难，正面应对

有经验的生意人都明白做生意时麻烦会随时出现，但刚开始学做生意的人遇到麻烦的第一反应是将其隐藏起来，尽可能息事宁人，甚至连责任也不想承担。

最终成为问题的并不是发生了什么，而是人面对、解决问题的方式。一直以来，我都选择正面面对问题，几乎没有人会跟我说"请把钱还给我""我要起诉你"之类的话。所以，在遇到困难时请先正面面对。

交流是在双方问答互动的基础上完成的。对方出其不意地向你提问时，比起你的答案，对方更在意你回答问题的方式。对方能从中察觉你是不是在不懂装懂又或是试图蒙混过关。就像那些常见的交流手册中介绍的，即便能直视对方的眼睛，干脆地回答对方的问题，也不一定能够完全取得对方的信任。

　　曾经在一次工作中，我就一些问题向客户寻求解释，但他们的回复让我无法接受。如果他们能够坦诚地表达，我也可以帮他们一起思考解决办法，但他们没有这么做。虽然我知道对方绞尽脑汁准备了最好的答案，但我还是对他们的不坦诚感到失望。他们对关键部分的解释逻辑不通，让我很难相信他们、与他们继续交易。

　　谁都有工作失误的时候，失误本身并不是什么大问题。长久以来，我也有过大大小小的失误。

　　对于做生意的人来说，比起优秀，更重要的是勇敢、真诚。如果具备在失误后坦诚告诉上司"我失误了"的勇气，大部分情况下都会有好的结局。

　　即便最初试图蒙混过关，但后来还是选择坦诚地交代"那个时候，我觉得我还有补救的机会，所以没有报告"，那么几乎没有人会生气地说"就是说那个时候你在敷衍，是吗"，而是会认可你的真诚。

　　交易时产生的纠纷，很多时候不仅是因为个人的错

误，也有上司、部门甚至公司结构的问题，但如果觉得
"不单是自己的错"，优先替自己辩解，通常难以获得对
方的谅解。

最好的办法是坦诚地分析包括公司、上司等在内的
所有与问题相关的因素。比如，"我们公司没能建立这样
的机制，所以问题发现得太晚"，对方也会说"确实有这
样的问题"以表示理解，因为对方会想象在那种情况下
自己也有可能犯同样的错误。从这里出发，双方就能开
始建立信赖关系。

没有必要为下属或者同事的失误承担责任。先不说
需不需要指出名字，既然事情已经发生，那就如实报告，
并就自己当时应该怎么做进行分析。

不是所有的失误都要报告，有时也可以低调处理。
比如一些很基础的失误或者作为成年人不应该有的失误。
对于这些过于低级以至于让人羞于开口的失误，比起拙
劣地掩饰，直截了当地说出来效果更好。在一些场合，
当场自嘲一句"我真是个傻瓜"便能让现场充满笑声。

如果对方注意到了你的错误，那就立刻坦率地认错。如果对方产生怀疑，千万不要敷衍。这听起来是老生常谈，但很多人都做不到。

正面应对是解决纠纷的很好的办法。

用行动解决失误

生意往来中，无论如何用心准备、多么谨慎，也难免会有失误，重要的是失误之后如何应对。

首先需要明确失误后最快何时可以展开初期行动。如果是很严重的失误，要立刻和对方报告。有人认为最好等相关人员到齐之后再报告，也有人觉得要先整理好必要的资料再报告，但这类事情在跟对方汇报之后有的是时间去做，还有人认为既然是道歉，那就应该穿好西装再去，但我认为，如果需要特意回家换上西装，那还不如以当时的装扮前去。

越严重的失误越使人胆怯，在失误之后能否快速采取行动决定了之后事情的发展状况。失误后立刻要做的是与当事人见面，坦率地阐述事情的原委。事态会发展到什么程度取决于初期行动如何展开。

根据事情的严重程度，有的失误可能只需要用邮件说明。即使去和对方见了面，对方也可能会说"你有来这里的时间还不如快点解决问题"。因此，立刻到对方公司向对方说明情况，不一定是最正确的行动。

但请记住，若不采取任何行动，麻烦一定无法解决。就算没确定解决办法，也要先发一封邮件向对方说明现在的情况。相反，如果想着先和上司讨论一下或者想等掌握了全部情况再说，而迟迟不告知对方，对方会想为什么你不早点跟他报告以致事态变得越发严重。

就算按照自己的方式迅速采取行动、拼尽全力表达诚意，如果没有找到合适的解决方式也可能无法阻止问题恶化。不是所有的事都能按照计划进行。虽然很多时候努力无法立刻看到回报，但解决问题的过程也是在积累经验、增加胆识，下一次遇到同样的情况便能更灵活地应对。如果仅仅将问题交给上司或者同事，自己漠不关心地置身事外，这样的人不会有任何成长。

　　总之，问题发生后，比起思考如何道歉，不如直接和对方见面，或简单明了地用邮件向对方说明情况。逆境，更能考验一个人的行动力。

不把忍耐当忍耐

困境中需要忍耐力。我的真实经验告诉我，遇到麻烦时如果自己被情绪牵制住了，事情会进一步恶化。如果遭受了无礼的对待，有的人会当场发怒或者直接离席，但我认为，这么做对问题的解决没有任何好处。

以前我问一个公司的经营者："经营者在工作中最重要的是什么？"对方回答道："忍耐。"当时我一头雾水，因为以我当时的工作方式无法理解这句话的意思。

后来，我从该企业的员工那里听说一件发生在他们经营者身上的事，不由得对他心生敬佩。有一次他接客户的电话，通话时间很长，对方不断提出无理的要求，但他仍非常真诚地对待，安静地听对方讲完然后礼貌地回复。这段长时间的通话一结束，他竟大喊一声："该死的！"

在场的员工都惊讶于一直以来如此开朗的人也会发这么大的脾气。面对对方纠缠不休的做法，大家都觉得"他没在电话里发火也太厉害了""我没有这种忍耐力"，不由得对他的忍耐力心生敬佩。

工作就是要不断地忍耐。即使嘴上没说，不耐烦也可能体现在态度上。跷起二郎腿、双手交叉放在胸前……这些姿势会把不耐烦的态度传达给对方，这样就不算忍耐。

我曾听说愤怒只能维持七秒，所以无论多么生气，只要熬过那七秒，怒气就能自然消退。在情绪即将爆发时，请忍耐七秒，应该能很大程度缓和愤怒的心情。

我年轻时即使遇见不礼貌的、不讲道理的人挑衅，也不会将怒气发泄出来，因为我想直面并解决问题。我会一个劲儿地思考为什么会发生这样的事情、该如何预防以及如何调整自己的心态。

我努力思考了，但我最终也没能触及问题的本质。有些人总是会下意识地做一些不讲道理的事，或者一时兴起刻意刁难他人。如果遇到这样的情况，平复自己的心情尤为重要。我觉得除了接受别无他法。

令自己困扰、烦心的事情在日常生活中比比皆是。我遭遇烦心事时，一下子会变得暴躁，但是七秒之后，就会觉得"这样的事情很常见"，心情便会逐渐平静。不生气并不代表没有正义感，只是说无论发生什么意外，我都会用一种"这个世界上本来就会发生各种各样的事情"的心态去面对。

对我来说，忍耐就是理解。不是强迫自己去忍耐，而是以一种"只要自己稍加坚持，内心就能变得更加强大"的心态去面对一切。忍耐时，不要告诉自己是在忍耐，这可能就是忍耐的秘诀。

时间会帮我们解决问题

某个企业的负责人曾向我提议"一起开展新的事业吧",我很高兴地答应了。从生意的角度看,我们要做的事很有吸引力,对公司发展来说也是很好的经历,所以我非常期待。

可是在合作过程中,即使我按照对方的指示做了业务提案,对方也只是一味地否定,导致工作完全无法推进。反复折腾的结果是,业务停滞,项目成员累倒了一大半。

由于给新业务分配了很多资源而又没有任何回报,我们最终不得不将其计入公司当期的亏损。我觉得合作无法继续,便向对方提出停止合作的请求。虽然这让对方非常生气,但无论如何合作还是终止了。

　　这件事无论对我，还是对对方来说，都是噩梦一般的存在，是一段让双方不想再相见的经历。

　　一年多之后，我们公司要举办一个活动，我决定给那家企业的有关人士寄邀请函——因为对方可能对活动内容感兴趣。我在邀请函上写了"如果您有时间，请来参加"。当天，那家企业的确有几人出席了活动。

　　这让我和其他的工作人员都很惊讶。对于对方来说，我们没有按照他们的计划完成任务，那时的我们必定不是他们喜欢的生意对象。工作人员知道我因为那次谈判成了众矢之的，便对我说："松浦先生，你没有必要去打招呼，交给我来接待吧。"但我知道不能这么做。

　　我走过去打招呼并跟对方说"我最近在做这些事情"，对方却突然歉疚地对我说"之前的事情，实在抱歉"。对方解释说过了一段时间之后，他们发现当时的确给我们强加了一些无理的要求。

　　一瞬间，双方的芥蒂烟消云散，像是一起挺过了艰苦局面的战友。忍耐了这么久，以前的恩怨竟因一次会面而一笔勾销。虽然这件事一开始好像商业上典型的失败案例，但随着时间的推移，双方也能像这样建立起新的关系。虽然双方并不会立即重新开始合作，但至少能够保持良好的关系了。那一瞬间，我觉得过去竭尽全力的付出都是值得的，也感受到正是因为有这样的事情，工作才有趣。

我在工作中以尽可能配合对方为信念，但有时为了守住资源也需要和对方谈判。虽然那次合作是噩梦一般的经历，但如果因此赌气"再也不和他们合作了"，最终留下的只会是不甘。在公司内部也一样。

即使双方发生纠纷，也不要立即做出决断，因为人与人之间的关系，不一定会从哪里重新开始。正因如此，人生才乐趣无穷。

即使两败俱伤也别无他法

无论是上司分配给下属的工作，还是公司之间的生意往来，委托他人去做的工作质量没能达到预期的情况时有发生。

这个时候，委托方不要一味地抱怨，因为这种事情导致的是双方皆输的局面，两边都不希望变成这样。

签订协议建立在信任对方的基础上。即使签了合同，也很难严格界定全部环节的质量标准，因此，除了彼此信任别无他法。

委托建筑师建造一间店铺，最后结果和预想的效果大相径庭，谁都会对此感到不满。开始作业之后，途中一定会发生一些事情，使工作不能按照预定计划进行，但这无法断定究竟是哪一方的责任。

招聘也是一样。面试时双方都表示认可，工作一段时间后却发现面试者表现不如预期，这样的事情在职场中经常发生，但不会有人因此去追究面试者的责任，因为这可能只是因为双方不合适。

作为被委托的一方，工作质量没有达到预期，即使当时没有被追究责任，最好也要有下一次不会合作的心理准备。这种事在工作中常有发生。即使拼命努力，想为对方提供超过期待的成果，但客观上所有的事情不会都往预期的方向发展。如果以后再有和对方合作的机会，那就多用心，尽量多回报对方。

摒弃自我辩解

有些人认为发生纠纷时最好当场反驳，因为如果态度暧昧不清，责任有可能会被推到自己身上，所以应该清楚地表明自己的想法。

出现纠纷时，我也有很多话想要表达，有时甚至想把怒气撒到对方身上，但通常我选择忍耐。

因为事实和解释是两个完全不同的东西。发生纠纷后，包括我自己在内的人总是会把事实向对自己有利的一方解释。"自己明明说了但是对方没有理解""明明那个时候应该这样做但对方没有"，等等，然后基于这类有利于自己的解释，开始生气，变得有压力。

然而事实并非完全如此。有可能是中间人传达信息时有遗漏，也有可能是自己误解了对方的好意。人们经常会在一段时间后发现这些情况，从而庆幸自己没有当场发怒。

很多人在遇到自己处理不了的事情时会很激动地为自己辩解，以此平复自己的慌乱。

但这无法切实解决问题，自我辩解只会让我们离事实越来越远。最好的方式是先平复自己的心情，然后再去确认事实的真相到底是什么。

如果我感到有压力，我不会把自己关在房间里冥思苦想，而是会采取一些行动。我不会用那种"我觉得这是该努力的地方，所以要咬牙坚持到最后"的方式去努力。如果有些事情对我来说已临近我的忍耐极限，我便会尽量想办法使我不那么痛苦。

有时我会散步或者跑步，做一些运动让自己的身体动起来，或者和朋友见面聊聊天，或者读一些有参考意义的书、听一些喜欢的音乐。

虽然这么做并不会使问题迎刃而解，但若是只靠自己，则很难化解压力。从我之前的经验来看，压力大到无法忍受的时候，比起一个人硬扛，即刻采取行动可以舒缓自己沉重的心情，更利于找到解决问题的办法。

只有时间无法挽回

我们会花费时间去推进工作。当工作发生问题，导致项目中断或者不得不重新来过时，唯一无法挽回的就是时间，之前花费的时间瞬间化为乌有。虽然被索要金钱上的赔偿也很痛苦，但相比之下，被要求"请把浪费的时间还给我"更痛苦。因为时间无法偿还，也无法用金钱衡量。

和他人见面，请时刻明确这是在占用对方的时间。会面前不仅要认真准备，使见面变得有意义，会面时也要坦诚相待。无论发生了什么，都要经常思考如何交流才能让对方觉得"时间没有白费"。

解决了纠纷不等于事情的结束。要记住：是自己占用了对方的时间，要把之前的经验活用在"今后"——

不是指自己的"今后",而是对方的。没有必要每次见面都和对方道歉,最好能在项目中看清对方的能力,然后最大化地活用时间。比如把一些用得上的数据找机会再次用上,或者把一些相似的工作再次委托给对方等。

磨炼觉察力

在工作中，觉察力十分重要，它能帮你预想今后会发生什么事情。如果一个人具备这种能力，他就能应对很多困难的局面。

比如，因为台风，工厂的机器出现故障，接着会发生什么？生产的速度一定会变慢。那么，一个具备觉察力的人脑海里就会浮现实地考察、建立生产制度、联络客户、进行人员调整等一系列行动。

有了这种觉察力，他就能察觉到经营状况良好的客户可能会追加订单，或者察觉到由于下属身体不适，现在进行的工作可能会有所延迟。

只要仔细思考，我们就能逐渐预测之后可能发生什么。有了这种觉察力，我们就能冷静处理大部分情况。

出现纠纷的时候，如果能洞察对方最重视的问题是什么并重点关注，便能最大限度地消除对方的不满。在销量没有达到预期时，预料到什么时候现金流有断裂的可能并迅速思考对策，就能避免麻烦的发生。

无论顺境还是逆境，觉察力都同样重要。只要能在思考现状的基础上预测之后可能发生的情况，就可以从容应对，面对困难时也能更加坚定。

解决问题能力强的人，觉察力同样很强。现在请试着想象一下，问题发生之后要面对的麻烦会有多大规模、会持续多久吧。

了解大型项目的推进速度

　　当我受委托负责一个我从未负责过的大型项目时，我最在意的一点就是项目的推进速度。组织规模越大，花费在调整方面的时间就越多，项目推进就越困难。

　　我曾经参与一个大型项目时，只是和相关人员打招呼，就用光了一盒名片。我不停地和相关人员见面，必要时做一些简单的演讲或头脑风暴，然而在那段时间里，项目完全没有进展。

　　在我打过招呼的人中，很多和项目没有直接关系，对这些人，我也只是打了个招呼而已。但我在这些杂事上用去了大半年的时间，这让我不禁思考到底什么时候项目才能真正有进展。

　　虽然如此，但我也理解组织规模庞大的企业为了调整时间和预算，必须做大量的疏通工作。所以，此时我要做的不是催促对方"快点推进吧"，而是完成所有对方觉得有必要的工作，等待对方开口说"让我们开始吧"。能否做到这点，决定了之后的工作能否顺利开展。

这虽然需要强大的忍耐力和体力，但"等待"也是交流的重要部分。只要能和对方见一次面并且认真打了招呼，那么日后如果发生了问题，对方的脑海里也能立刻浮现"那个时候的松浦先生"，从而避免因恶意揣测产生冒犯的情况。

大型项目一旦发生问题，影响范围也是巨大的，所以请认真对待初期的交流，不要抱着"只不过是见个面"的心态而大意疏忽，请随时注意得体地与对方打招呼，尽可能多地花费时间和对方讨论并进行眼神交流。

作为商人活着

第六章

信用是生意成立的基础

　　生意就是给人提供需要花钱购买的东西，从中获取相应的利益。除了售卖自己制造的产品、自己的创意或自己批发来的商品，那些按小时出售自己的劳动力的兼职人员及按月领工资的公司职员的工作也是生意。

　　做生意，最基本的诉求是要能持续。如果对方觉得这笔交易会产生损失，那么交易便无法持续。相反，如果觉得"幸好买了"，那么对方不仅会持续订购，还会不断向周围的人推荐"这个真的很好用"，促使销量不断上涨。

　　利润越丰厚，企业越有资本持续改良旧产品、开发新产品。在利润与成本的不断循环中，生意就会不断壮大。

那么，维持生意需要什么呢？比起设备和技术，更重要的是信用。只要让人相信"买了你的商品不会有损失""你卖的东西一直都很好""只要是他，一定不会有问题"，那么维持生意一定不成问题。对于那些经营了五十年甚至一百年的老店及一流的品牌来说，其积累的最大的财富便是信用。那种让人看到名字就会相信"这家店的产品一定没问题"的信用，不是一朝一夕成就的，所以极具价值。

由于工作的需要，我经常去国外。我看到一些国家的信用体系日趋完善。智能手机、移动支付的普及使现金的使用率锐减，社会治安也极为良好。

变化不仅局限于此。移动支付和社会信用体系紧密相连，信用可以用积分制来衡量，比如献血可以加分，不归还共享单车就会减分。几乎所有社会行为都可以用分数计算，最后合计的个人信息积分决定了一个人能否租到房子或买到机票。

在这些国家，信用比金钱更重要。如果一个人有钱但信用不达标，他可能没法租到房子。

当无形的信用的价值可以被明确打分时，信用在商业中的作用就会日益显著。

要想获得他人的信任，就要正直且知礼节，不做对客户不利的事情。做生意请注意这一点。

武器 = 清楚自己的强项

在生意场中，我们有必要经常确认自己是带着什么样的武器在战斗、自己的强项是什么、自己正身处什么样的舞台和别人决胜负。

比如每个建筑事务所都有自己相对擅长的领域。只擅长设计私人住宅并不能算是自己的强项，因为同样的事务所有很多。但如果能打出"想要用天然材料建成的房子，请找我们"这样的口号，那对此感兴趣的人便会进一步去了解你们。发现自己的武器，将其灵活运用在适合的领域并不断扩大市场份额，那你的生意规模自然会逐渐壮大。明确展示自己和同行业其他公司的差异所在，才能被别人需要。

即便是有完整的经营理念的企业，也可能并不清楚自己的强项是什么。有的企业即使大概知道自己的强项是什么，也没能将其文字化，导致不能灵活运用。因此，将自己的强项用语言表达、分享出来很有必要，这也能促使你积极地去争取更多工作机会。

但有一点需要记住，即你的强项一年之后有可能变得无用武之地。因为世界在飞速变化，自己的武器不知不觉可能就落后于时代了。

我二十岁左右开始售卖从美国和欧洲各处淘来的旧书和旧杂志。那个时候，由于网络不发达，淘到一本好书并不容易。我的强项是非常熟悉艺术类和文化类书籍，所以当有人对我说"我在找这本书"时，我有自信能立即找到。网络普及后，获取书籍信息变得轻而易举，我的强项也逐渐失去了作用。

这就是为什么要经常确认自己的强项。要时常问自己，这个武器真的还有用吗？是不是该更新了？

同理，对于个人而言，请认真思考自己是拿着什么武器在战斗。觉得自己没有任何武器因而直接放弃的人，大概觉得强项必须是像托业考试①考800分那样了不起的能力，其实不然。我们可以先从找自己身上别人不具备的特征开始，比如声音大也是强项；找到之后思考如何使用这个武器战斗，明白战斗方法后再继续寻找下一个武器，以这种方式不断精进。

如果你有托业考试成绩800分这样强有力的武器，那也请试着继续将其细分，比如，比起听力和口语，我更擅长阅读，在分数相同的人中我快速阅读的能力最强等，这也会使"战斗"变得更容易。

灵活运用自己的武器也是一种交流技巧，发挥自己的强项才能清楚明了地向对方展示自己和团队的魅力。

---

① 托业即TOEIC（Test of English for International Communication），美国教育考试服务中心设计的针对在国际工作环境中使用英语交流的人们的英语能力测评考试，满分990分。

控制胜利的次数

与人做成一笔成功的生意，对方因有所得而感到开心，自己也能从中获取利益。因此，在生意中基本不存在只有一方获胜的情况。

如果说将谈判变得对自己有利就算胜利，那么胜利其实没有多大的必要。为什么这么说？因为虽然有人觉得生意中偶尔也需要态度强硬，但如果是以对方让步为代价，那对于对方来说这就不能算是一笔好生意，那我们便无法赢得对方的信任。

一味地以自己的意愿为先，只会使自己变得目光短浅，从而无法掌控整个局势，长远来看，这不是好的趋向。如果能够退一步和对方交流，就能看清对方以及全局的工作。

在生意场上战无不胜算不上好事。好的事物也会有其不好的一面。有成功就有陷阱，如果以全胜的成绩获得巨大的成功，那么与之如影随形的负面部分也同样会扩大。在我看来，八胜七败这样的成绩比较恰当。

如果一直保持胜利，人就会逐渐对胜利抱有执念而愈发怕输，并不得不为此消耗额外的能量。被过度关注有时会让你承担多余的风险，还可能树敌、招来妒忌。

在持续胜利的时候，不要想如何才能愈战愈勇，而是先努力让自己冷静下来。失败可以帮你找到改善点或者转换方向，推动局部改革。

为了使生意长久维持，有必要控制胜利的次数，要知道做生意不是为了分出胜负。

学会介绍自己

之前说过在演讲之前要认真练习，我练习时也会准备对本公司的介绍。曾经有一次在我刚要开始演讲的时候，对方突然问我"你们公司是做什么的"，一时间我竟无言以对。明明对自己的公司十分了解，但在被突然问到的时候却不知道从何说起；在客户面前能十分熟练地对商品进行说明，却无法详细地介绍本公司的情况，这样的人也不少。

介绍公司该说什么？无论是公司的历史、理念、业务范围还是经营者的事迹、办公室的样子等，什么都可以。需要注意的是，这些内容会让对方对我们公司产生兴趣，因此，要提前准备好相关内容，在突然被问到时你就能从容应对。

举个例子，如果你经营的是食品公司，在介绍的最后加一句"公司食堂里最受欢迎的是我们公司自产的咖喱"，自然能引起对方的兴趣。

只要能够给出令人满意的说明，对方便会心生敬佩，觉得"虽然以前不太清楚你们是做什么的，但你们经营的事业真的很棒"。如果对方有这样的反应，那不仅能增强我们的自信，还能成就自己"善于介绍公司情况"的强项。

同样，也请好好准备自我介绍。没必要说自己来自哪里、从什么大学毕业这样普通的事情，在不让对方感到啰唆的前提下，尽可能总结性地说说自己积攒了哪些经验、因为什么站到了现在这个位置、对未来抱有怎样的愿景。但也要注意不要过于严肃，可以尝试说一些"那个时候我觉得自己要完蛋了"这种失败的经验。没有必要说得过于冗长。认真思考如何表达能使对方舒服地接受，并提前将其总结成一篇文章。

无论公司介绍还是个人简介，都没有必要主动提起，重要的是突然被问到时能给出令人满意的答复。

所以请务必提前准备。

生意的想法来源于观察

无论在生活中还是在工作中，我经常会观察这个世界。观察，对于商人来说是基本要求。以前在某个读物上看到过这样一件事，日本一位国税局的工作人员经常观察思考这个世界上"还有什么可以被征税"，我不禁感叹他的敬业。

观察的结果可以变成支撑生意的启示或者想法。心不在焉地观望不会对工作产生任何帮助。观察的诀窍在于探索"为什么"。

如果我突然想到"A 平台为什么比 B 平台更受年轻人欢迎"，我会认真地用笔把它记录下来。这么做是为了不让自己忘记。即使不能立刻查询答案，也要先用笔把想到的问题记录下来，以后回顾时再彻底调查自己依旧感兴趣的问题。

比如，如果我想知道"为什么珍珠奶茶这么受欢迎"，我就会在采访买奶茶的人之后，亲自去体验。

如果想知道"为什么 CD 的销量在下滑而唱片的销量却没有"，我会亲自到唱片店确认店里有什么样的唱片、什么样的客人会光顾，并且还会询问喜欢音乐的朋友对此的看法。

这些疑问虽然不能立刻得到解答，但产生疑问并亲自调查，得到的一手信息会一直存储在脑海里。这就是想法的种子。

在网上查阅到的信息会很快忘记，自己探索的一手信息却会长久地留存在脑海中。能够持续观察和调查很重要。与人交流这些信息时，大部分人会感到有趣，这有时还能扩大你的考察范围。

即使不必为所有的问题寻找答案，养成做笔记的习惯也是有意义的。新奇的想法产生于对好奇心的记录。

一个人面对未知事物的方式也是其性格的体现。有的人觉得"和自己没关系"，便舍弃不顾；有的人会更加好奇，想要知道原因；还有人即使一直观察，也无法产生疑问。

创意不是只属于那些天生拥有创造力的人。只要日复一日地不断观察，创意的种子终会萌芽。

不刻意区分工作与休息

　　我二三十岁的时候，会仔细区分工作和休息时间，且更注重休息时间。心情愉快地生活、让休息时间过得十分充实，才能努力工作。玩得尽兴，才能更好地回馈给工作，从而保持高质量的输出。所以那时的我认为在休息日远离工作、给自己的身心充电非常有必要。

　　但过了四十岁，休息日不工作对我来说反而容易积攒压力，即使是出去玩也会有一种勉强的心情。

　　我一直很注重生活，所以一开始我也对此十分困惑。这种矛盾的心情持续了一段时间，直到我发现除了接受别无他法。

　　如今包括休息日在内，我每天都埋头于工作却完全不觉得痛苦。当然，我也会抽出时间与家人相处，所以现实情况并不是每天全部的时间都在工作。我越来越觉得没有必要将工作和生活刻意分开。

以前我担心如果不将工作和生活区分开会让自己感到疲惫，但现在我在放松的同时也能完成工作。

如果被问到"现在让你最开心的事情是什么"，我会立刻回答"工作"。无论睡梦中还是清醒时，我几乎都在想工作的事情，这对我来说很快乐。和朋友一起吃饭、看电影或者去旅行，也很快乐，但和工作相比，它们稍显逊色。或许这是由于年龄、工作内容和所在位置的不同而产生的差异。年轻的时候，我觉得不可能一边放松一边工作，现在我却对此感到开心，不会因此感到任何压力。

并不是所有的事情都会按照自己的设想进行，我偶尔也会感到紧张，感到无能为力，不安、没自信的时候也不在少数，但我能坦然接受这些感觉。

曾经有一位经营者说过这样一句话："重要的是要能找到值得自己赌上人生的工作。"现在的我就在工作上赌上了自己的人生。三十岁时的我不懂工作原来如此快乐、如此有魅力。

关注身体状况

我每天早上都会在五点前起床，收拾好之后，七点左右开始工作，集中工作两小时后，去和别人会面或者参加会议。

这种模式能够让我最大限度地发挥自己的能量，换句话说就是能让自己保持最佳状态。我并不是逼迫自己早起，而是说就算是写草稿，早上七点开始写与下午五六点开始写效率完全不同。在下午需要两小时完成的工作，在早上可能只需要三十分钟。

虽然对我来说最好的工作时段碰巧是早上，但对有些人来说夜间工作效率更高。重要的是知道什么样的工作节奏能让自己保持最好的状态。

身体管理情况也会对工作状态有影响。对我来说最重要的是保证充足的睡眠时间。因此，近来我将聚餐的频率调整到一周一次。与客户或工作伙伴维持关系以及出于招聘目的的聚餐，只要想参加便没完没了。而对于习惯在早间工作的我来说，聚餐如果结束得太晚，必然会削减我的睡眠时间，从而导致我在本来最能集中注意力的早间时段不能尽全力工作。当然，有时我也会配合团队成员在晚上开会。我不会在出现问题的时候因为需要工作到太晚而感到身心痛苦，但平时我会尽量保持在十点入睡。

找到最适合自己的模式，将其习惯化，就能自然地管理自己的身体状况。

心态的管理也十分重要。

我每周都会坚持慢跑一两次，这么做与其说是为了弥补运动不足，不如说是为了保持良好的心态。持续地运动出汗，这种单纯的行为能使心态逐渐平和。

虽然在很多场合我会控制自己的情绪，但不安和恐惧会在不知不觉中积攒。跑步能让我进入独自一人的状态。在起跑的那一瞬间，我能够忘记很多事情，变得心情愉悦。那些使我内心沉重的事情，在奔跑时也能得到消化。

但跑步也有限度。如果不去跑步心情会变糟，这意味着你对跑步产生了依赖。如果只有跑步才能让自己心情愉快、自己不能以其他力量调整精神状态，也不是好事。如果每天都想去跑步，反而更需要多加注意。

对于商人来说，调整好身心状态也是一项十分重要的工作。

遇事不慌，处变不惊

公司召开内部会议时，越认真的人越会有愤怒的情绪涌上心头。有些人在讨论项目为什么没能顺利进行时变得面红耳赤，声音逐渐变大，愤怒地敲桌子。不习惯这种状况的人则会受到很大的冲击，会感觉自己好像在接受审问，即使问题明明和自己无关，也会像受到骚扰一般缩起身子。

我不是很喜欢和人发生言语上的争论，年轻时我也受过打击，但现在的我可以无动于衷，无论是被吼叫还是被咒骂，我都能平和地面对。

这是因为我明白了对方的行为并不是对谁感到愤怒，也不是想要欺负谁。

有人声音很大，有人用追责的语气，你都没必要在意。

在一些工作场合中，激烈的争吵是常有的，但这并非有人心怀恶意，而是因为在那种场合下，人很容易变得情绪化。结束后，大家都会若无其事，不会有不好的后续影响。

的确有一部分人容易情绪化或者虽无恶意但啰唆个不停。面对这些人，我们不需要把他们放在心上。人有时会无端地变得不讲道理，但也仅此而已。只要工作，就必然会碰到这样的人。刚开始时你一定会感到惊讶，遇到这种情况时，虽然不是很习惯，但也请不要正面回应。

时刻保持平静很重要。虽然这很难做到，但是面对眼前发生的事情时，尽可能处变不惊地接受吧。

生活中，我总会想象各种可能发生的意外状况，比如对方突然大发雷霆或者突然说出什么反常的言论。结合自己的情况预先设想这些意外状况，便能在意外发生时仍然保持平静。

不要因为想到了糟糕的情况就变得不安，请将它当作"某件事情"去接纳。万一日后真的遇到这样的状况，只要抱着"这种事情果然会发生啊"的想法去应对，就能保持平静。这种方式也会将我们受到的伤害降到最低，然后立即采取应对方法。

我们无法预知未来会发生什么。这么说并不是劝大家放弃预测，只是希望你们可以理解：在这个世界上，有很多谎言、虚幻以及我们无法理解的事情，但无论发生什么不可理喻的事情，都不要因此让内心受挫，无论如何请好好守护自己的内心。

牢牢掌握自信这门武器

在去见不想见的人的时候，在做重要的演讲前遇到问题的时候，调节自己受挫的心情的时候，就要靠自信了。自信不只体现在自己擅长的那一面，还体现在无论何种情况下，你都能相信自己。

无法建立自信的人，首先请试着观察一下自己。不认真地直面自己，又怎能真正了解自己。自我觉察，最开始展现的大概只有那些自己不喜欢的、薄弱的、不愿意被人知道的部分。虽然这会让人很难过，但只要耐心坚持下去，不久之后，那些对自己过分的期待就会逐渐消失，我们逐渐能够接受自己的缺点。要获得自信，第一步就是接受自己的一切。因为不追求完美，我们便不会对失败感到恐惧，就会有尝试的勇气。

自信不是只对自己优秀的地方感到骄傲，而是相信自己即使有缺点也能有所成就。自恋不是自信，天真也不是自信。通过觉察自己建立的自信，是工作中最有力的武器。

不沉溺在失败的痛苦中

应该去行动却瞻前顾后，明明有想法却不能落实，对曾经的失败耿耿于怀，这样的人大概都过于在意失败。

如果我失败了，我也只是觉得"这次失败了"而已，不会自责着一边回顾每一个环节，一边告诉自己当时这个应该这样、那个应该那样。与其花时间自责，不如好好思考下一次要怎么做。失败会在自己内心深处作为经验存储下来，在必要时自然地调整自己。

我成功的时候也一样，不会沉醉于成功带来的成就感而裹足不前，我会立刻转向下一件应该完成的事情，不断前进。

就像我一直说的，工作并不会因为一次失败就结束。失败在某种意义上也是"美妙的"经验。有时人们反而会因为失败受到关注，从而得到逆风翻盘的机会。比起一帆风顺的人生，人们更容易对充满挫折、挑战的人生产生共鸣，所以在这个层面上来说，失败并不是坏事。比起第一名的成功，最后一名的成功更能赢得关注。

失败的经历也是很好的素材。我赞同经营者们经常说的"即使人生接二连三地出现麻烦，也要把这些麻烦都编成段子再去做生意"。这听上去可能很不严肃，意思是无论经历了生病还是破产，都将其编成段子，然后继续去做生意。不管失败还是被责骂，只要把这些经历编成段子说出来，一定会有人对此感兴趣，自己的心情也会随之放松。

请相信自己。无论发生了什么都没关系。如果感到不安，就请想一想怎样才能打破这种局面。再大的失败也不足以让你害怕。

使下属安心是上司的责任

如果你有了下属，希望你能够意识到上司不能让下属担心。

在下属面前，我从来不会说一些关于辛苦或疲惫的消极言论，也不让他们看到我眉头紧锁、面容憔悴或心情不好的样子。在做重要的演讲或者召开会议时，我会尽量保持心情愉快。

管理者不能轻易感到不安，不能被人看到底牌，因为保持自身的稳定才能得到周围的人的信赖。没有人愿意在一发生意外就发怒或哭泣的人手下工作。

要给下属一种"无论发生什么事情都没关系"的安定感，下属才能安心工作。亲子关系也是一样的，正因为无论发生什么父母都能积极应对，孩子才能健康成长。

如果父母不断抱怨很辛苦、太累了，那么孩子也不能下定决心专注地做一件事情。

上司要让下属安心。在发生问题的时候承担责任是上司的职责所在。作为上司，请记得首先要让下属安心。

平等对待所有下属

上司的存在本身就是一种干扰，职位越高越是如此。在他们出席的多人会议上，他们的发言越出色，越会让人感到压迫。

我也有下属，无论在打招呼、指导工作还是亲切地接待他们的时候，我都提醒自己考虑这对下属来说是不是一种干扰。有时单纯想做一个好上司也可能变成干扰。这是管理者的宿命。如果平时不多加注意，就无法很好地管理团队。

举个例子，你和自己十个下属中的一个一起吃了午饭，如果其他下属中的任何一人质疑"为什么不邀请我"，那你的行为就构成了干扰。无论打招呼还是跟进工作，不平等地对待下属就会发生这样的情况，这跟对方是否容易沟通没有任何关系。

在管理中最重要的是平等对待所有下属。如果没能做到这一点，工作氛围就会变得不安稳。有时在自己看来是为下属好的事情，因为每个人看法不同，反而可能构成干扰。

在这种情况下，最重要的还是交流。为了避免干扰，我采取的方式是与下属一对一面谈。我几乎每天都会按照顺序和下属面谈，询问他们"有没有什么感到困惑的事情"。

一直以来，上司一般只会在确认或者传达什么事项时才会和下属面谈，而我做一对一面谈的目的是听下属说话。因为面谈的目的并不是对他们做出评价，所以也有人对此感到不解。通过这种方式向下属展现"我很在乎你""如果感到困扰我会帮助你"的姿态，下属便能安心工作。而我了解每个人不同的状态之后也能判断他们适合什么样的工作，从而更好地为每个人提供成长的机会。

每次面谈 5~10 分钟即可，重要的是长期坚持。由于上司和下属面对面坐着会有压迫感，所以我一般都和他们坐在同一排。除了面谈，我还经常邀请他们一起散步，边走边说能使双方感到放松，于是自然地加深交流。

有一点需要注意，不要过多干涉下属的事情。我有时会不自觉地想去帮助遇到麻烦的下属，或者自己出面调解下属之间的矛盾，但我尽量控制自己不这么做。没有压力，人就无法成长。所以即使不自觉地想帮他们解决困难，我也会保持克制。这样，我能够平等客观地对待下属。

虽然我也时常会困扰自己是否适合从事管理工作，但生活中我仍然把管理的过程看作让自己成长的机会。

团队价值无法用数值衡量

我以共同 CEO 的身份在美味健康公司工作，换句话说，公司有两个"老板"。这种想法可能有点老套，但在我看来，合伙人的关系就像婚姻关系。

即使夫妻双方每天争吵，只要没产生太深刻的矛盾，他们就不会轻易分开。感情越吵越深是个很形象的说明，因为从某些角度而言，吵架可以让彼此敞开心扉，双方的关系便得以加深。

最近我越发觉得，无论商业合伙人还是团队成员，表面融洽、息事宁人无法拉近双方的关系，也不能完美地完成工作。在工作中，只要不明白对方的意思，就应该和其探讨。如果不能构筑彼此坦诚相待的关系，就无法创造高品质的价值。

职位一旦提升，人就容易排斥与自己想法不同的意见。如果是因为自己拥有权力、要负相应的责任，这么做无可厚非，但有时意见未经讨论，领导者其实并不知道自己的意见是否正确或者是否存在别的可能性。一个组织若有这样的领导，员工会逐渐不愿意发表意见，这不是一个组织的健全状态。

我抱着要和他"结婚"的觉悟开始与我的合伙人一起工作。我们彼此约定不因小事分开，并且承诺彼此坦诚相待。即使有时外人猜测"这两个人是不是已经闹掰了""他们的关系今天就要结束了吧"，但因为提前约定了不分开，所以我们能够通过不断对话解决问题。

公司同事或项目组成员同样也是不会因为一点小事就解散的关系。所以，在互相信任的基础上，相互坦率地表达真实的想法也能让彼此在推进工作时感到舒心。一边看财务报表一边说"这里的钱不太够"，这种感觉就好像在看家庭账簿。

我长期从事自由职业，在做总编时虽然也有下属，但我很少有能够互相商量的对象。进入这家公司后，我才第一次和他人协作朝同一个目标前进。

一个人工作的时候，努力和成果的关系清楚明了，只要努力就能得到成果；与团队工作时，我对通过团队协作能得到多少成果抱有怀疑，那时的我认为，最重要的还是个人的力量。

但随着团队合作逐渐深入，我明白了团队合作有着无法用数值衡量的价值，比如意见碰撞能产生与预想截然不同的全新想法，或者明明是为了弥补团队成员的失误，却比预期提前完成了任务。一个团队里有活跃气氛的人，有能照顾他人的人，也有一个劲儿拼命工作的人，大家各有长处，性格不同的人组成的队伍却能够创造让人意想不到的精彩成果。

一直以"成为四号击球手"①为目标的我，终于明白

---

① 在棒球比赛中，四号击球手一般是队伍里的强手，有利于把垒上的队友送回本垒然后得分。——编者注

了团队合作的精彩之处。虽然我总觉得我是靠自己的力量坚持下来的，但一直以来我也得到了很多人的帮助，与人合伙及与团队合作让我明白了交流的重要性。

想象十年以后

二十年前的我不像现在这样觉得工作这么有趣。年轻的时候，没有背负过沉重的责任，也没能做出过人的成绩。因为没有获得巨大的回报，自然也就不觉得工作有趣。

所以，我一直通过重视兴趣爱好和职场提升、保持公私平衡来保护自己。我认为有必要刻意创造一些远离工作的时间，这是人类成长的必要过程。

持续一段时间后，我发现曾经厌倦的工作竟然变得有趣了。人迟早会达到通过积攒经验、逐渐对自己做的事情感到快乐、自己也逐渐拥有成就感的阶段。虽然以前被上司骂过，被客户挖苦过，也对同事的优秀感到焦虑过，但是当工作上的成果一点一点真实地显现后，无须旁人多言，我也能明白自己的价值。

　　无论做什么职业，人都会经历这些，然后逐渐变得得心应手。所以，我想向你们传达的是，现在对工作的困惑，一定会在未来某一刻发生改变，这种困惑不会永远持续。这就是所谓的成长。

　　有人会觉得"差不多就可以了"，他们认为即使拼命工作也不一定能得到想要的结果，不如尽可能地避开痛苦的感受。

　　与他人建立"差不多"的关系，过"差不多"快乐的人生，这虽然没什么不好，但在这样的人生里，你能感受双腿发软、无法前进的紧张吗？你能体会那种达成目标时仿佛世间所有人都是自己的盟友那种喜悦吗？拼尽全力对待工作产生的充实感，会让人十分愉快。因此，在我看来，"差不多"的生活无异于放弃成长。

　　当我成为公司的经营者后，工作上面临的困难越来越大。资金周转、洽谈客户、管理下属、完成绩效等，困难的事情接连不断。

　　公司的经营不是一年就会结束，如何让公司的业绩持续增长也是难题。现在的我无数次面临"如果只追逐眼前的利益，五年后一定会亏损吧"的情况，我对每一个决定都负有解释说明的责任。

即便如此，我还是乐在其中。因为每天的生活都有满满的充实感。即使我已经五十多岁了，我还是能感觉到自己在不断成长。

在工作中感到痛苦时，请试着想象一下十年后的自己。现在觉得痛苦、不熟练的事情，十年后一定会有所变化。过了五十岁以后，我开始能用长远的眼光去看待时间，能感受到有些事情虽然我曾经不擅长，但几年后擅长了。看着自己身边的人，我也明白了人生并不是只有糟糕的事情会持续。在我看来，能够以这种方式去思考问题，是时间送给我的礼物。

所以，请认真对待平时的每一次努力，无论怎样，无端地放弃努力就等于放弃了自己的人生。

当你想要寻找"其他办法"的时候，请打开这本书。

版权声明

人民邮电出版社　　　　思维盒子

分类建议：成功励志 / 个人成长
人民邮电出版社网址：www.ptpress.com.cn

ISBN 978-7-115-57723-8

9 787115 577238 >

定价：59.80 元